大是文化

文系でも仕事に使える**データ分析はじめの一歩**

7小時，
統計學
從天書變故事書

平均數、中位數、常態分布、迴歸分析、費米估算……
統計這樣讀，輕鬆戰勝商學院大魔王。

本丸諒——著
日本科普作家、資料專業誌（月刊）總編輯
編輯超過30本統計學相關書籍

林信帆——譯

CONTENTS

推薦序

一本簡單易懂的
「統計學故事書」

「資料科學家的工作日常」粉專版主／張維元

　　資料科學曾被譽為「21 世紀最性感的工作」，更是許多公司在數位轉型時十分重要的一環。近年來，數據科學或資料科學成為企業擴編的新寵，也有越來越多公司希望數位轉型之後，可以利用數據來幫助經營者即時的決策。隨著雲端與大數據的技術逐漸成熟，數據科學已然成為數位時代下不得不具備的技能。

　　然而，資料科學其實不是全新的技術，其中最核心的基礎「統計學」（Statistics），就是從過去持續發展至今、且已融入各行各業的重要解法。統計學作為數據科學中的基石，能夠「從資料中萃取出資訊」，用以幫助決策；學好這門學問，更是建立數據科學思維的第一步。統計學是由數學發展而來，可以區分為敘述統計和推論統計兩種類型，依其性質可再分為理論統計學與應用統計學。從探索過去、了解現在到預測未來，統計思考脈絡一共可以分成五個層次。

　　不過，對許多人來說，統計學總是存在一道無形的門檻，其中用到的數學公式往往令人卻步。你是否也曾擔心自己數學差，

沒辦法學好統計或是資料科學？如果我們能跳脫應付考試的學習，試著從生活案例中解釋統計學，你會發現它其實沒有想像中的可怕與困難。

　　這本《7小時，統計學從天書變故事書》運用了大量日常生活中的經驗作為案例，每個單元都從日常的情境出發，從觀察到思考、再帶出統計學所扮演的角色。而所謂的數據思維，也稱得上是一種從「我覺得」到「看數據說話」的解決問題策略。簡單來說，就是當你面對一堆數據與圖表時，你該如何思考與推論、進而決策？如果我們始終仰賴經驗與主觀的判斷，便很難實現系統性的成長。

　　統計學是一種歸納法，能夠從累積的資料中觀察趨勢，讓我們從資料中「鑑往知來」，而不再只是主觀的判斷。更重要的是，我們能夠藉由學習統計學所培養的敏銳度，更精準的解讀資料，避免陷入資料的盲點與誤區。本書利用了許多有趣且好理解的案例，例如「倖存者偏差」、「隨機對照實驗」，到各種統計值的計算與圖表視覺化的解讀。除了在每一個單元幫你建立觀念，最後一個章節中也準備了幾個真實的情境，讓你思考如何有效的運用統計學。

　　統計學與數據科學不再只是理工人的專屬技能，它早已成為數據時代下必須掌握的數位能力。如果你正在尋找一本讀得懂的統計學書籍，這本「故事書」，你一定會喜歡。

前言

說服別人的最快方法：
根據統計

一提到「數據分析」一詞，就會很不可思議的，不自覺的把「分析數據」當作是最後的目的（我也是如此）。但「分析」本身不應是你的目的。因為分析數據，只不過是為了達成某種目的的手段而已。

當然，目的會因人而異。若是在企業內部，大多數人的目的應該是找出自身公司的瓶頸並一一解決，以創造利潤。

用比較貼近生活的例子來看，如果你正因與鄰居之間的糾紛而煩惱（例如樓上住戶半夜十分吵鬧，讓你睡不著覺等），那麼你的終極目的，想必就是解決這個問題。

反過來一想，不管你蒐集了多少數據（或資訊）來分析，如果無法解決問題，那就毫無幫助。

換句話說，**數據分析永遠都有其「目的」，而且會追求「結果」**。從這個含意來看，是否用了什麼高級的方法，或者是否利用電腦之類的工具，其實在數據分析上並不重要。

我以前任職的小型企業也是一樣，課長在開會前，會發幾十

9

張A3大小的數據資料（從左上到右下塞滿圖表）。從這個例子就知道，即便是小公司，數據也是要多少有多少，但很少有人可以在閱讀數據報表之後，便立刻指出「這裡是不是怪怪的」，立刻找到問題點。

在這種時候，需要的第一個工具就是「圖表化」。以豐田（TOYOTA）公司的用語來說，就是可視化，只要把數據轉換成適當的圖表，就連我這樣的普通人，也能看得懂。

數據分析的第一步，就是把適當的數據替換成適當的圖表。**「圖表」的強項在於比較**，這種工具可以協助人類更直覺的理解情況。

然而，即便靠圖表、直覺的找出了問題點，光是這樣仍然無法說服其他人。原因在於，當你徵求他們的認同：「看這張圖表，可以得知這兩個數據是有關連的，對吧？」如果對方不太認同：「是這樣嗎？」雙方就不會有交集。

因為只靠圖表，就說服的層面來說，還缺乏力量。

下一個階段，必須用每個人都能同意的數字來設定範圍、做出區隔。換言之，就是「有根據的區隔」——為此，你所需要的強力工具，就是初階的「統計學」。

但統計學，甚至是統計分析的工具，是非常廣泛、艱深的世界。因此最好盡快學會「常態分布」（還有許多其他類型的分布），而且要會使用畫一條線來思考的「迴歸分析」。這兩者都有「用機率來思考」和「用數字來區隔」的概念，只要透過它們來

表達，想必就能增加說服力。

有些企業會招募數據科學家，徹底分析企業內的問題點。但你應該比這些數據科學家，更清楚自己公司的瓶頸。

還記得我一開頭提到的嗎？沒錯，數據分析的目的，不是分析，而是達到目的。你想解決的目的是什麼，你自己最清楚。

接下來，就是知道擁有哪些數據（資訊），以及該如何用它們解決問題。這一點與其藉助數據科學家的幫助，不如各位自己來學習，並善用幾個簡單的工具。

本書不會使用艱澀的分析方法，希望能透過解讀數據、學習避免被偏見誤導的訣竅，以及簡單的統計方法，協助你達到目的。

序章

一門沒有絕對正確答案的學科

當我們必須解決某件事時，如果了解原因和結果，就很清楚解決的方向。然而，在商場上，單從「營收一直變差」的線索，也很難找出原因。因為原因不只一個，大都是由兩、三個因素複雜交錯形成的。因此，你要從多項數據中思考共通原因。

1 所謂的數據分析，就是統計

數學的方法與統計學、人工智慧（AI）等採取的方法很不一樣。而數據分析則比較接近統計學的方法。

嗨，好久不見，之前一起學「統計學」之後，就沒再見面了，之後過得如何？

托你的福，我覺得稍微懂一點統計學了，不過還是很難呢。如果是數學，要是 $2x + 4 = 10$，那麼不管是由誰來計算，答案都會是 $x = 3$，可是統計學的劃分界線有點模稜兩可。

是啊，因為數學和統計學，有時候使用的方法可是完全相反啊。

咦？方法完全相反是什麼意思？它們都是數學，難道不是嗎？

一般認為，統計學就像微積分和向量一樣，都是數學的一部分，但統計學和數學在「解決問題的處理方法」上有一百八十度的不同，知道這件事的人意外的少。

數學中，把所有人都認為絕對正確的東西，稱為公理或公設（根據《數學入門辭典》〔岩波書店〕所述，歐幾里得的《幾何原本》中，將公理定義為「與數量相關的一般性質」，公設則為「以幾何學理論為前提的性質」，但在現代數學中，並未特別區分兩者），並以此為大前提。接著，只要在公理上累積正確的邏輯，在此邏輯之上的定理等也被證明是正確的，這樣最終結論就會是正確的，這是數學導出答案的方法。這種方法稱為「演繹法」，三段論法就是其典型，邏輯的流程如下：

①「貓是動物。」（任何人都認同的普遍事實。）

⬇

②「我養的咪咪是『貓』。」（這點也正確！）

⬇

③「所以，咪咪是動物。」

①「第一個前提：貓是動物」，普遍認為這一點是正確的認知。
②接著，依循這個前提，思考「案例：咪咪是貓」。
③最後，從①的前提和②的案例，得到正確的結論：咪咪是動物。

像這樣，只要前提正確，且之後的邏輯推演無誤，就能得到正確答案。利用演繹法正確推導，便可獲得「絕對正確且無誤的結論」。

因此，演繹法可用在數學的證明上。數學就是透過這種「演

繹法」的思維所建構而成的。

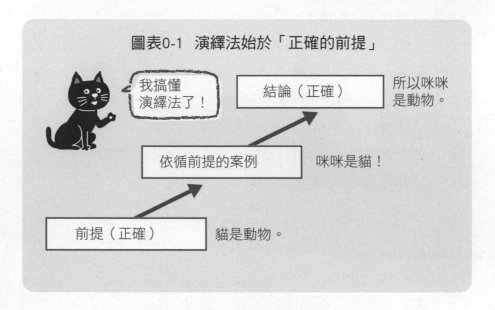

圖表0-1　演繹法始於「正確的前提」

我搞懂演繹法了！

結論（正確）　所以咪咪是動物。

依循前提的案例　咪咪是貓！

前提（正確）　貓是動物。

統計學依據歸納，無法斷言「永遠正確」

相較之下，統計學是依據「歸納法」，和演繹法是立基於完全不同的思維。所謂的歸納法，跟經驗是相同的邏輯。

①「那隻天鵝是白色的，這隻天鵝也是白色的，另一隻天鵝也是白色的。」

②「看來所有天鵝似乎都是白色的。」

這是蒐集許多人關於「天鵝」的經驗和知識，從中找出共通

點（白色），以獲得「結論」的方法（天鵝是白色的），這就是歸納法。

　　歸納法通用於人類的經驗或是人工智慧（AI）的學習。人工智慧透過大量的案例來學習，道理等同於人類累積大量的經驗。兩者都是透過歸納法來處理，重點在於歸納法只不過是透過經驗所得到的「假說」而已。

　　這是歸納法最大的弱點。因為只要發現有黑天鵝或是紅天鵝的存在，就算只有一隻也好，「天鵝是白色」的假說就會出錯。

實際上，歐洲人有很長一段時間，深信「天鵝是白色的」，但1697年在南半球的澳洲發現了「黑天鵝」（從黑天鵝的案例，衍生出「黑天鵝〔理論〕」一詞，用以形容發生了經驗上無法預測的極端事件，或至今大眾覺得不可能會發生的事情，而帶給人們巨大衝擊。金融危機、自然災害和全球性流行疾病等，也常會使用「黑天鵝」一詞）。黑天鵝只有顏色是黑色的，其身體構造與白天鵝一模一樣。在那個瞬間，鳥類學家過去以來的常識和定論也跟

著瓦解了。

創意不是天馬行空，來自歸納

如前所述，歸納法是藉由經驗去推估「好像是這樣」，但只要找到一個相反的例子，假說就會瓦解，所以並非絕對正確。

讀到這裡，你或許會覺得比起演繹法，歸納法是「差勁的邏輯」，但其實並非如此。演繹法只是不斷累積已經明白的命題，無法獲得進一步的見解（或許說得有點過頭）。

但歸納法卻可能從中獲得新的「假說」（見解），如「在普通的環境下天鵝是白色的，但是在某種生活環境下，也可能會是黑色（白色太顯眼、容易被獵食等原因）」，所以深具啟發性。

反之，若是明明使用了歸納法，歸納出如「蘇格拉底死了，柏拉圖死了，我爺爺也死了，所以人類都會死」這類，任何人都知道的假說，就不算是活用歸納法的特性，而且一點都不有趣，這實在很可惜。

特別是在商場上，希望大家能用歸納法，多多少少找出一些「跳躍性的假說」，這可稱為溯因推理（abduction，形成啟發性的假說，意指生成假設來解釋觀察和結論）。

比方說，飛機原本是將引擎裝在機翼下方，但噴射機實現了一種前所未有的創新——把引擎裝在機翼上方，此為本田飛機公司（Honda Aircraft Company）的小型噴射機。一橋大學名譽教授野中郁次郎曾表示：「我們不是把引擎、機體、機翼拆分開來思

考，而是將全部當作一個整體，然後大家一起愉快的討論發想，所以才會產生這個創意吧。」這就是一種溯因推理。

就算創意發想還不到這種程度，只要觀察身邊發生的眾多事實，照樣能用歸納法激發創意。

假如你是一位便利商店的店長，就可以歸納出以下的創意：「本週日是小學運動會，學校不供餐、學生要自己帶便當。不過聽說最近很多媽媽都很忙，很多家庭沒辦法替孩子準備便當。可是，超商便當的透明塑膠盒又沒有『親手烹調的感覺』。既然這樣，我就準備黑色、有質感的塑膠便當盒，然後製作十種便當試賣看看。對！趕快在超商前面立廣告旗，向媽媽們宣傳吧。」

從當地民眾身上獲取各種資訊，然後想出一個「結論（假說）＝有高質感的便當」。後續的銷售數字會驗證該假說是否合理。從這裡便可看出，歸納法是相當適合用在商場上的處理方式。

統計學原本就是從眾多的案例推理「是不是這樣」，然後建立假說，所以統計學也可以說是使用了歸納法。

經驗法則也是一種量化

除了統計學以外，還有其他領域也利用歸納法。代表性的案例就是前面提過的「人工智慧」。現在的人工智慧可讀取無數的案例（大數據），然後自行從案例中學習、做出「某種推測」，換句話說就是設定假說。

例如，在人工智慧的其中一個領域——深度學習之中，會讀

取大量的狗、貓圖片，讓電腦自主學習兩者的差異（這稱為特徵量），並得到一個結論（假說）。接著，讓電腦看其他貓、狗的圖片時（測試階段），若電腦能明確區分，就表示「已認知到貓狗的不同之處」；若無法區分，就重新學習。

深度學習所進行的，就是讓電腦從大量的圖片（案例）中找出「貓的共通點、狗的共通點」，思考貓和狗之間的界線（差異），設定「貓和狗在鬍鬚彎曲的方式上似乎不同，看來可以從這點區別」的假說（這種說法只是方便大家理解，實際上深度學習不會靠「鬍鬚的彎曲程度」來區分）。

人工智慧的做法，從累積大量經驗、變得更聰明這個角度來看，正是歸納法。既然是歸納法，我們就必須時常謹記「永遠都有可能搞錯」。換言之，就是可能會出現黑天鵝。

話說回來，這種歸納法似乎和某種事物很相似。沒錯，就是資深員工的經驗。工作10年、20年、30年的資深員工，累積了許多關於工作和業務的技術經驗，並活用在工作上，因此大家才會說他們是「活字典」或是「會走路的百科全書」。

然而，時代的變遷太過快速，當遇到商業手法和常識改變，甚至是國家和習慣的不同，使得行動模式改變時，資深員工過去的經驗就派不上用場，有時候還會失敗。在這種時候，經驗反而成了絆腳石。

人工智慧與資深員工的智慧和經驗很類似，差別在於人類的經驗只是「單獨一人的經驗與知識」，因為是靠閱讀和聽前輩分享而成為自己的養分，但能涵蓋的範圍很窄。

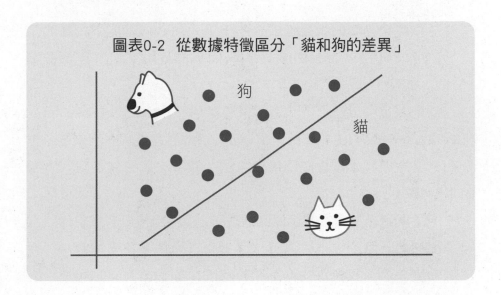

圖表0-2 從數據特徵區分「貓和狗的差異」

　　相較之下，人工智慧則是把無數人的經驗、知識、案例化為大數據，然後藉此透過超快速的自我學習（分析）和訓練來掌握。

　　不過人工智慧和資深員工的差別，只有經驗的次數和學習的件數不同，本質都一樣是歸納法。所以正如資深員工也會犯錯一樣，人工智慧也同樣會犯錯（例如誤判貓、狗的照片）。

　　因此，或許有人認為人工智慧是完美的，但其判斷並非總是正確。

因果關係 vs. 相對關係

　　數據分析也和統計學、人工智慧一樣，採用歸納法。因為數據分析會從案例和經驗中，找出共通點並建立假說，再以數據

資料為基礎來判斷假說是否成立。如果只用數據就能下判斷的事物，也可以利用「①5%的顯著水準（5%的危險率）」（請參照第101頁）確認。

或是，也可以藉由「②隨機對照試驗」（Randomized Controlled Trial，簡稱RCT）來確認，第二章會透過幾個案例來為各位介紹。醫療領域中常會使用這個方法。簡單來說，就是試圖證明因果關係的方法。

因果關係是指「有某個原因造成了該結果」。但商業上的狀況大多很複雜，原因也不會只有一個，而且通常需要盡快解決。從這個角度來看，我認為就算不至於有因果關係，有時也可用「③相關關係」來類推。

相關關係是指單一邊增加，另一邊也會增加（或減少），一般認為兩者之間有比例關係的狀況，但有相關關係，未必就會有因果關係。

無論如何，先從眾多案例和經驗，設定假說（應該是某種狀況），然後以前述的①～③為基礎判斷，在這層意義上可認為：

「數據分析是屬於歸納法的技巧。」

既然是歸納法，也有可能從數據的共通點建構出錯誤的假說。另外，針對自己設定的假說，可能會出現你不樂見或從未預料到的數據（黑天鵝）吧。此時不要無視這些不樂見的數據（請參照「後記」），而是應該開心的覺得，發現了一個之前從未預期

到的事實。

　　重要的是，能從各種數據、資訊和經驗，設定一個假說來說明整體脈絡。要達成這個目的，我認為首先要做的，就是「數據分析」。

2　費米估算，
答案概略卻堪用

數據分析的目的是解決問題，所以速度很重要，而非拘泥於「百分之百的精準」。

公司主管和經營高層，總是盯著數據資料大眼瞪小眼，每次都要花很長的時間才會有結論。他們也會找來外部的數據專家，做一些看似很難懂、「好不容易擠出來的分析」，每次都花很多時間，但得到的結論大都只會讓人覺得「理所當然」。

這樣真的花很多時間。如果期待完美，時間上往往會趕不及，所以我會先預測「會不會是這樣」、然後嘗試一次看看，接下來再修正。

這樣一來，就是所謂的拙速吧？

提到分析數據，其實有很多方法，例如用難懂的統計學理論、最先進的分析手法，甚至是用Python語言撰寫人工智慧程式……。我覺得與其做這些事情，不如粗略一點、先快速的掌握狀況，然後一一對應會比較好。因為我們不知道什麼才是「正確答案」。

確實，先不說受過高等數據分析訓練的專家，對我們來說，最重要的就是解決「眼前的課題」，為此就應該盡快建立假說並及早驗證。商場的狀況是不等人的，如果等待百分之百的精緻（這本來就是件難事），那麼就算之後知道了正確方法，也可能已經太遲了。

盡快找出點子解決問題，然後嘗試，行不通就當場修正再試一次。不斷嘗試並逐漸往好的方向前進。就算你做出完美的成果，但如果沒趕上交期，就不會有人認同。前面提到「拙速」，說精確點應該是「即便粗略但快速的，掌握課題的重點並設定假說」。

關於這個部分，我常會用「費米估算」（Fermi estimate）當作案例來說明。

費米估算，幫你大致預測數值

身處商務現場的人，應該都知道「費米估算」這個詞吧。我第一次遇到費米估算，是透過某一位行銷專員。

那位行銷專員碰到一個全新範疇的商品（藍光之類的），在完全沒有人統計過市場規模的狀態下，他照樣能獨自估算出市場的規模。

我請他一步一步教我估算的方法，事後才知道這種方法叫做費米估算。我想，大概連那名行銷專員都不知道這個詞吧。

說到費米估算，過去有段時間因為常出現在面試中而蔚為話題。其中最具代表性的，是以下這個出乎意料之外的問題：「東京

有幾位鋼琴調音師？」面試者手邊根本沒有數據資料，如果沒有數據，又該如何分析問題並快速找到答案，該如何設定假說？結果只能援引自身的經驗和常識去思考。

快速又不脫離大框架的計算力，在商場上很重要。

物理學家費米（Enrico Fermi，1901年～1954年）有個一般人難以想像的插曲，他曾經在原子彈實驗時，在暴風掠過身旁時丟下衛生紙，想透過衛生紙的飄動概算出原子彈的能量。不過他的推測方式其實不奇怪。

費米曾出題考過芝加哥大學的學生，題目是「芝加哥有幾位鋼琴調音師？」（前面提到的面試題目，只是把地名改成東京）。只要合理思考，就能推導出概數。

① 假設芝加哥的人口有250萬人。

② 假設每戶平均2.5人。

③ 假設大約10戶裡有1戶有鋼琴。

④ 假設調音平均1年1次。

⑤ 假設調音師每天能調音的鋼琴數量為2臺。

⑥ 假設一年工作250天（週休一至二日）。

　　這裡要使用①～⑥求出答案，求「每年需要調音的臺數」÷「每人每年調音臺數」，假設是1萬臺÷250臺就能得到「40人」。實際計算後，

$$\frac{①÷②}{③} × ④ = \frac{250_{(萬人)}÷2.5_{(人/戶)}}{10_{(戶)}} × 1_{(臺/年)} = 10 萬_{(臺/年)} \cdots ❶$$

　　這是每年需要調音的鋼琴臺數。然後：

$$⑤ × ⑥ = 2_{(臺/日、人)} × 250_{(日/年)} = 500_{(臺/年、人)} \qquad \cdots ❷$$

　　這是一個調音師每年能處理的鋼琴臺數。故 ❶÷❷ = 10萬÷500 = 200（人），答案就是200人。

　　要是突然有人問你「芝加哥有幾位調音師」時，想必你會不知道該如何思考或從哪裡開始計算而陷入恐慌。但只要如上述①～⑥這樣分解，就能有脈絡的思考，裡頭沒有半點讓人驚訝的東西。

　　我們不需要過於在意最終的數值。這是因為就算①（芝加哥）的實際人口無論是300萬人或500萬人，由於②和③也是概略估算（③應該要20戶1臺會比較妥當？），所以有些地方多估，有些地方少估的情況下，會彼此相抵，逐漸修正。

　　再者，我的答案是200人，但就算你的答案是100人或500人，都在正解範圍內。因為我認為，思考這種不著邊際的問題

27

時，只要誤差不到「1個位數」（10倍或1/10），都算是在「誤差範圍內」。

設定假說，比較數據，簡單驗證

不只限於費米估算，在商場上常會需要「推測無法得知的事物」。追根究柢來說，數據分析就是思考該怎麼做才能解決現在的課題，在不知道正確答案的情況下，找出合理的解答。

這個時候，你至今為止培養的「數據資產（常識）」的能力，會為設定假說帶來貢獻。如果你把芝加哥的人口多估一個位數、變成2,000萬人，每戶多估成平均10人，鋼琴持有比例估成1,000戶1臺，那就不得不說「你的數據靈敏度不足」。

就算不知道調音會花多少時間，考量到移動時間「一天也頂多處理2至4件」吧。再加上，除非是職業鋼琴家才會每半年調音1次，所以頂多一年調音1次或兩年1次。這樣的數據常識和數據靈敏度就是必須具備的。

另外，在「芝加哥的鋼琴調音師」問題中，沒有討論到以下這件事，假設你在日本要靠這份工作維生，你每月會需要30萬日圓（年收360萬日圓）吧，為了賺到這個金額，要每天調音2臺，一年工作250天，故：

360萬日圓÷（2臺×250天）＝7,200日圓

換句話說，每臺的調音費用至少要7,200日圓以上，定價如果不設在1萬日圓以上，生活可能會過得很困苦。

　　數據分析的第一步，就是「比較數據」，比較其他公司的數據、比較去年同期的數據（也有季節調整的含意）、比較自家公司的其他商品數據、比較缺貨狀況的變化、比較產品重量誤差的出現頻率……如果沒有客觀的數據，就和自己的實驗值比較看看。

　　設定假說、比較數據，就能簡單驗證假說是否適當。此時，在日常生活中事先掌握各種數字的概數，會比較容易設定符合直覺且準確度高的「假說」。

第1章

看穿數據偏差，
避開地雷

　　數據本身如果有偏差（也稱偏誤），那麼不管再
怎麼分析，都不能解決問題。這稱為「數據偏差」，
或是單純稱為「偏差」。有時候很難看出偏差藏在哪
裡，本章會透過案例，介紹各式各樣的偏誤。

1 倖存者偏差——應該加厚哪個部位的裝甲

能看到的數據，就算反覆看一百遍、一千遍、一萬遍，有時也看不見真正的事實，這就是「倖存者偏差」。

亞伯拉罕・沃德（Abraham Wald）於1902年出生於奧匈帝國，父親是經營麵包店的猶太人。亞伯拉罕的數學才能獲得認可而進入維也納大學就讀，後來因為納粹崛起而赴美，在哥倫比亞大學獲得了統計學教授的工作，以同盟國的一員參與了第二次世界大戰。

亞伯拉罕隸屬的統計學研究小組（Statistical Research Group，簡稱SRG），希望能將統計學家的力量活用在戰爭中，是一個質與量皆超群的統計學者組織。對軍方來說，其中的亞伯拉罕更是個可靠的夥伴。

「飛機被擊落＝死亡」，所以每一位飛行員都不想被擊落，雖然想加厚整架飛機的裝甲以對抗機槍掃射，但機身太笨重又會大幅影響操縱性能。如果裝甲太薄弱，飛機就算輕微中彈，也會被擊落。正所謂顧此失彼，現實世界總是充滿權衡的問題。

這時有一份數據送到，上面調查了戰鬥機在歐洲作戰後，從戰地返航時的機身彈孔分布（下頁表）。

圖表1-1 彈孔分布

機體部位	每平方英尺的彈孔數
引擎	1.11
機體	1.73
燃料系統	1.55
其他	1.8

資料來源：《數學教你不犯錯，上下冊套書：搞定期望值、認清迴歸趨勢、弄懂存在性》，艾倫・伯格。

圖表1-2 返航的飛機機身彈孔分布

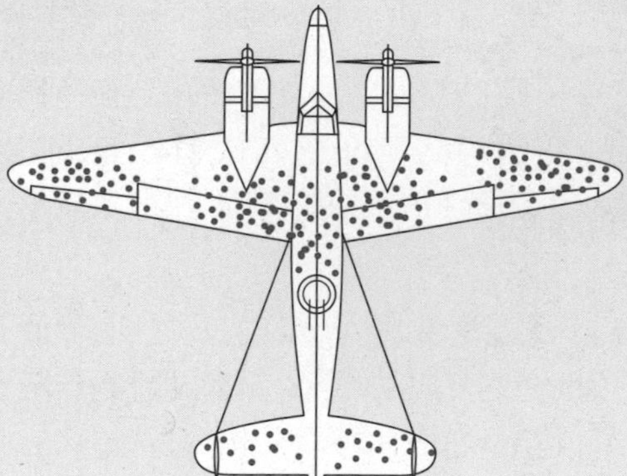

觀察戰鬥機上的彈孔分布，就會看出有非常明顯的傾向，彈孔大都集中在機體和機翼前端，並非整架飛機都布滿彈孔。

於是軍官們有了結論，就是要「加厚損傷較多的部位」。但不知道裝甲該加到多厚，於是他們跑來諮詢統計學研究小組中最優秀的專家亞伯拉罕。

如何以概率思考機身中彈？

在聽亞伯拉罕的意見之前，我們也稍微思考一下吧。請看下一頁的射擊圖……。

好的，我看到了。士兵們正在射擊前方的圓靶呢。

對，圖片上看起來很近，其實士兵是站在相當遠的地方，同時朝一個不固定的物體（圓靶）射擊。妳覺得圓靶上會留下哪一種彈孔？這是機率的問題。

這個……應該是「A」。B不知為何只有兩側中彈，C也偏向四個角落。從遠方掃射移動的物體，正常來想應該會「隨機打在圓靶各處」吧？

是的。照這樣來看，先前「返航的飛機機身彈孔分布」是不是有點奇怪？為何飛機不是整個機身都中彈，而是出現集中的彈孔模式……？

　　這的確不自然。第36頁圖❶是「布滿彈孔的飛機」。照理來說，應該是整個機身會布滿彈孔，但平安歸來的飛機（❷）卻只有特定的部位中彈……。

　　反過來說，可以認為「飛機是因為❷的彈痕以外的部位中彈，所以才回不來」，其中彈部位就是把❶減去❷，也就是❸。

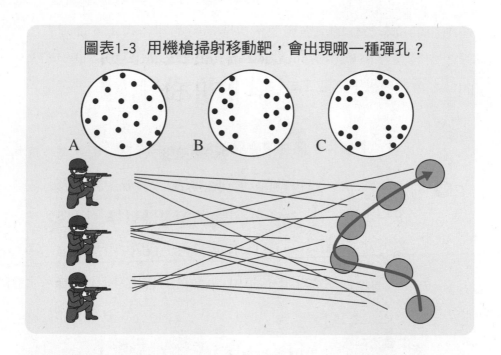

圖表1-3　用機槍掃射移動靶，會出現哪一種彈孔？

A　　　　B　　　　C

　　換言之，我們打算分析的資訊（返航的飛機）本身存在了邏輯謬誤，也就是所謂的「倖存者偏差」。這讓我們只聽見倖存者的聲音，而忽略了亡者的聲音。

亞伯拉罕的結論

　　大家應該已經知道，亞伯拉罕的結論是什麼了，他認為「應該在返航飛機未中彈的『引擎部位』為中心，來加厚裝甲」。

　　另外，飛機的彈孔圖（第33頁）是至今不知道被引用過幾次的插圖，但這張圖是一位名叫McGeddon的人所繪製的，而不

是由亞伯拉罕製作的。檢視亞伯拉罕當時的報告書（下頁圖表，報告內容請參照https://apps.dtic.mil/dtic/tr/fulltext/u2/a091073.pdf），會發現幾乎都是算式。

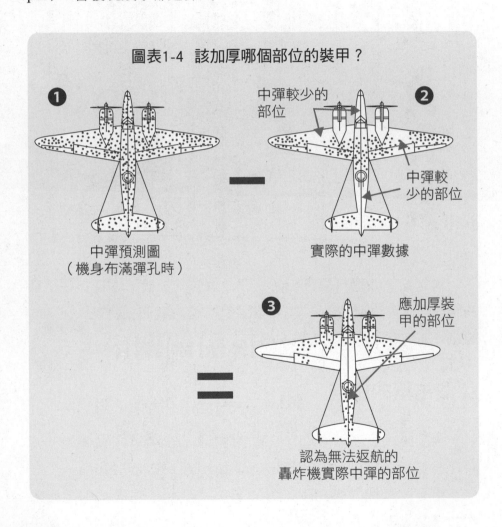

圖表1-4　該加厚哪個部位的裝甲？

① 中彈預測圖（機身布滿彈孔時）

② 中彈較少的部位　中彈較少的部位　實際的中彈數據

③ 應加厚裝甲的部位　認為無法返航的轟炸機實際中彈的部位

通常我們會一廂情願的深信「拿到的數據就是一切」，但我們也必須懷疑，調查報告可能打從一開始就缺少某些數據。而且，重要資訊有時正是隱藏在缺失的數據中。你必須有「想像力」，才能看出缺少的數據是什麼。

圖表1-5 亞伯拉罕的報告書幾乎都是算式

From equations 11 and 14, we obtain

$$x_i + p_i \left(c_{i-1} - \frac{q_{i-1}}{p_{i-1}} x_{i-1} \right) = p_i c_i . \tag{15}$$

Hence,

$$x_i = p_i(c_i - c_{i-1}) + \frac{p_i q_{i-1}}{p_{i-1}} x_{i-1} \quad (i = 3, 4, \ldots, n). \tag{16}$$

Let

$$d_i = p_i(c_i - c_{i-1}) = -p_i a_{i-1} \quad (i = 3, 4, \ldots, n) \tag{17}$$

and

$$t_i = \frac{p_i q_{i-1}}{p_{i-1}} \quad (i = 3, 4, \ldots, n). \tag{18}$$

Then equation 16 can be written as

Wald, Abraham. (1943). A Method of Estimating Plane Vulnerability Based on Damage of Survivors. 摘錄自「CRC 432 — reprint from July 1980」。

貓從高樓墜落後的命運？

還有一個話題，就是「貓從6樓以上的高樓墜落，傷勢會比從低於6樓的高度墜落還要輕」。

之所以會有這種說法，大概是因為有些人認為，貓會在5樓左右的高度達到終端速度，然後全身放鬆、像飛鼠一樣落地，以

降低衝擊和減輕傷害。但這樣的說法難以服人。

　　相信你很快會注意到，這裡頭可能也存在著「倖存者偏差」。這是因為從6樓以上墜落而摔死的貓，大部分都不會被送到寵物醫院，其數量沒有相關的報告，而成為有缺陷的數據。換言之「死貓的數據消失了」。

　　歐洲有句俗話說：「貓有九條命。」一般也認為「貓不會輕易死亡」。關於貓咪的倖存者偏差問題，實際情況還有世人不明瞭的地方，但從高處墜落還有機會活命的話，也算是一種令人羨慕的能力。

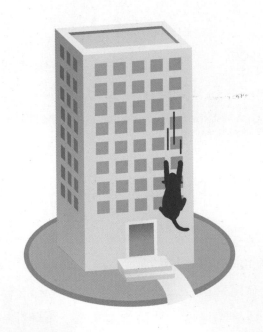

POS數據的「倖存者偏差」

在超商和超市買東西時，店員會在POS（按：point of sale，銷售時點情報系統）收銀機輸入數據，內容除了購買的商品名稱、數量、價格、日期時間、當天天氣，還會包含購物顧客的性別、年紀，但這些都是「購買者」的紀錄。

沒錯，「沒買東西就離開的人」（等同於被擊落的飛機數據）不會留在POS數據中。顧客會進來店裡，肯定是想買什麼東西，那為何最後沒有購買？是因為缺貨，還是因為商品陳列不佳而找不到，或是問了店員也沒得到幫助？

無論如何，顧客上門是為了購物，所以這是一種機會損失。但很遺憾，POS裡面不會留下任何數據。這就表示，在我們生活的周遭，也存在著「倖存者偏差」。

更重要的是，所有的「銷售數據」都只有購買者的資料，反之則無。換句話說，你必須注意到銷售數據中其實隱藏了倖存者偏差。

那麼，該如何逃離倖存者偏差的詛咒？答案就是用高準確率的方法，推測想購物的潛在顧客，為何會在某個時間點決定不買了。現在人工智慧可做到某種程度的類推。

舉例來說，可透過監視器記錄顧客進入店內之後的動線，在貨架前停留的時間，以及跟店員對話的時間，藉此得到事實數據來推估「顧客為何不消費」。

（接下頁）

　　大家可以想像一下，就像網站能掌握到一些事實數據，在網站上記錄造訪者在哪個網頁看了幾秒，之後跳到哪個網頁達成購買（或是未購買），實體店鋪也同樣做得到這一點。

　　如果是一般商店，顧客進入店內（有希望！）之後很快就離開，可能是因為價格太高或是沒有販售流行的商品。如果是跟店員說完話才離開，很可能是他想買的商品缺貨，或是店員的說明不夠充分。如果顧客出現避免經過某個地點的傾向，那可能是有瓦楞紙箱等物品擋到路等，可藉此鎖定陳列和商品配置的問題。還能透過比例知道顧客是在哪個階段離開，所以能夠類推。

　　當然，有時連顧客自己都不知道為何會想離開，所以我們不可能完全猜中顧客的動機，但還是可以從中獲得一些思考的線索。

　　即便不引進人工智慧，如果店長用類似的方法觀察店內，一樣有可能觀察到「未購買顧客」（被擊落的飛機）這份貴重的數據。

2 自己開車和 AI 幫你開，哪個安全？

人類經驗和人工智慧的判斷並非完美，不能認為「絕對沒問題」，而是必須時常思考：「發生失誤的機率有多少？」

前面提到人工智慧很像人類，差別在於經驗量（數據量）。最近也出現了人工智慧自動駕駛的技術，人類自己駕駛和人工智慧駕駛有什麼不同嗎？換句話說，人工智慧就絕對不會發生車禍嗎？

這是一個誤解。即便人工智慧駕車是仰賴龐大的駕駛數據，也不是絕對安全。但至少比一般人開得還要好，想必能朝減少事故的方向努力吧。

為什麼會這麼說？我回信州老家的時候，也會開車啊。不過我在現在住的埼玉和東京，出門就不會開車，因為不太習慣……。

說到底，人類的駕駛經驗有限。人工智慧的自動駕駛系統仰賴大數據（多數人的經驗）累積，以及可閃避危險的駕駛分析，所以能幫上忙啊。

　　我們先想一想人類的駕駛經驗。假設現居埼玉縣的 H，在 20 歲到 70 歲這 50 年間，擁有在埼玉縣一帶駕駛的經驗，但那也只是以埼玉縣為中心的狹窄範圍而已。

　　H 要從埼玉途經東京、前往神奈川的老家時，覺得「首都高速公路好可怕，自己不太會開」。

　　這邊所謂的「不太會開首都高速公路」，也可以說是不習慣在首都高速公路上駕駛吧。因為換了一個地方駕駛，方式也會有所改變。

　　從「換地方」的含意來看，日本也有冠了地名的危險駕駛方式和讓人困擾的規則，像是松本跑法、茨城衝刺、阿波黃燈行、名古屋跑法、山梨規則等。

　　信州的松本市因為屬於城下町（按：過去以城堡為中心發展的市鎮），有很多窄路，以前似乎有很多單行道。或許是因為這樣，當地以前就有很多人不擅長在岔路右轉，但如果愣在原地就會轉不過去、給後面的車子添麻煩。或許是為了避免這個問題，當直行車來到岔路後，他們就會直接強行右轉（按：日本為右駕、靠左行駛，因此車輛右彎時會擋到對向來車）。這種駕駛方式俗稱「松本跑法」。

　　松本跑法似乎還包含其他幾種駕駛方式，例如在十字路口對向車道有車要左轉，當地人右轉後會跟在後面插進車流。甚至還有一種三寶駕駛方式，當地人在下頁圖這種沒有紅綠燈的 T 字路口，會先把車子開到車道上、硬是擋住來自右方的車流、再找機會右轉過去。

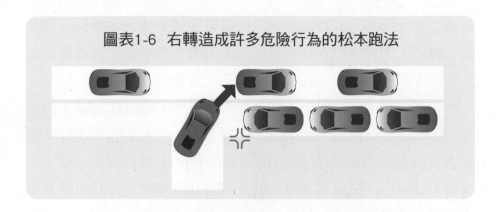

圖表1-6 右轉造成許多危險行為的松本跑法

「茨城衝刺」是指在轉綠燈的前一刻或當下，踩下油門衝刺，搶著在對向直行車到來前早一步右轉（我也會這麼做）。此時，如果右側的斑馬線上突然出現行人或自行車，就會提高人、車的危險。

實際上，在滋賀縣的大津市，就曾發生過一起慘痛的交通意外，一輛直行車撞上右轉車後，其中一輛彈飛出去、衝撞到一群走在人行道上的幼稚園兒童，造成2人死亡、14人受傷。

「阿波黃燈行」這種駕駛方式，是指在十字路口、綠燈轉黃燈後，駕駛人不會停下來、反而加速衝過去。

「名古屋跑法」是指不打方向燈就變換車道的危險駕駛。或許是這樣，愛知縣的交通意外死亡人數，在2003年～2018年之間，連續16年都是最多。其他還有「伊予早彎」（比直行車更快右轉）或「山梨規則」（在沒有紅綠燈的路口人行道，就算有人等著過馬路、也不會禮讓）等，也是行車禮儀不佳的顯著案例。

我有一位朋友（平常住在千葉）調職到北海道後，車子停在

雪路上差點睡著，恰好那時候手機鈴響吵醒了他，才讓他躲過一劫。沒錯，對於習慣在都市駕駛的人來說，雪國真正的雪路是很危險的。

根據日本汽車聯盟（JAF）的調查（資料來源：JAF〔2016年6月「交通禮儀相關問卷」64,677人〕），覺得「自己居住的縣市，行車禮儀很糟糕」的有香川縣80.0％、德島縣73.5％、茨城縣67.2％、沖繩縣64.0％，以及同為59.3％的福岡縣和愛知縣等，似乎西日本較多。這是因為當地人比較心急，想要早一點抵達目的地嗎？

假設你現在開了50年的車，這一輩子經歷過10次差點出意外的經驗（虛驚事故，實際上會更多次）。

1人×10次（生涯）＝10次。

先假設這是日本人一生中發生的人均虛驚事故次數。

接著，如果每天開車的駕駛人數為5,000萬人（根據日本內閣府統計，截至2017年日本持有駕照的人數為8,225萬人〔取自2018年交通安全白皮書〕。扣除拿到駕照後就沒上過路和平常很少開車的人，這邊取整數為5,000萬人），如果1年累積5,000萬人的駕駛數據，虛驚事故的次數就是：

5,000萬人×10次×1/50＝1,000萬次。

這邊的1/50是把50年的駕駛經驗換算成1年來計算。相較於每人一生10次，

1,000萬次÷10次＝100萬（人份）。

換句話說，訓練人工智慧所用的數據，不需要像人類一樣累

積長達50年，只要短短1年累積的數據，就會是普通駕駛的100萬倍，可以將其活用在駕駛技術上。

現在的汽車變得非常聰明，只要超過中央分隔線，就會提醒駕駛「偏離車道」，稍微超速就會提醒你「超過限速」……（我的汽車沒有這種功能，但最近的出租汽車有）。

汽車很容易就能記錄和累積人類的駕駛數據。

人工智慧就不會引發車禍事故？

本節的開頭，針對「自動駕駛就絕對放心嗎？」這個問題，給予了否定的意見。這邊再次重申，人工智慧的自動駕駛「並非絕對不會肇事，也不是百分之百安全」，這是事實。

但還有另一個事實，就是人工智慧自動駕駛只要短短1年，所累積的駕駛經驗就是普通人的100萬倍，而且還能在你未曾體驗過的狀況下（松本跑法、茨城衝刺、阿波黃燈行、山梨規則等），確實學習駕駛的技術經驗。再加上人工智慧可以長時間駕駛而不會疲憊。

人類在某些地方是採經驗至上主義，但必須意識到從整體來看，個人一生的經驗只是一小部分。不只限於駕駛，如果認為經驗與知識可以預料一切，就會有陷入偏差的危險。

3

連續說中8場比賽結果，章魚保羅真有那麼神？

聽到「準確預測」一詞，如果是神一般的命中率，那可能會讓你覺得是真的，但也要懷疑神棍存在的可能性。

2010年有一隻章魚一舉成名，這隻章魚的名字叫做保羅（飼養在德國的一間水族館）。牠曾經準確預測德國代表隊在2010年南非世界杯足球賽的7場比賽勝負，包含決賽在內，總共準確預測了8場比賽結果。難道是因為章魚保羅有特殊能力？

章魚保羅想必沒離開過水族館，肯定是碰巧猜中的。而且牠不可能懂足球。真要說的話，該怎麼判斷這是章魚保羅主動預測的呢？

當時水族館人員在水槽內放了兩個國家的國旗，然後分別在國旗前面放飼料吸引牠，最後看保羅會去吃哪一邊的飼料（國旗）來決定。保羅選擇時，沒有平手這個選項（當時德國的戰績沒有平手，所以這邊就用勝負兩種模式來思考）。

原來如此！是這樣操作的啊。不過如果只猜中1次，機率就是1/2，只能當作是「偶然」。連續2次就是1/2×1/2＝1/4，也就是25%的機率。連續8次代表1/2必須連乘8次，就是1/2×1/2×1/2×1/2×1/2×1/2×1/2×1/2＝1/256。換句話說，機率就是1/256≒0.004。哇，好厲害！

如果是碰巧的，就代表出現了「約250次才會有1次的超稀有狀況」，這真的只是碰巧嗎？

咦？這的確是難以置信的低機率呢。如果保羅是人類，我絕對會相信是真的。

本章魚真厲害！

用窮舉法調查所有組合

章魚保羅連續預測命中8次，這裡面有什麼祕密呢？我們先列出「8次之中猜中幾次」吧。

要思考這個問題，可以用擲硬幣的正反面來思考，正面代表

「成功」，反面代表「失敗」，試著想想連續丟8次硬幣，會出現
多少次正面。正面為〇（成功），反面為╳（失敗），來逐一檢視
會有多少組合吧。

猜中0次　╳╳╳╳╳╳╳╳　（僅左列1種組合）
（全部猜錯）

猜中1次　〇╳╳╳╳╳╳╳　（有8種組合）
猜中1次　╳〇╳╳╳╳╳╳
猜中1次　╳╳〇╳╳╳╳╳

猜中1次　╳╳╳〇╳╳╳╳
猜中1次　╳╳╳╳〇╳╳╳
猜中1次　╳╳╳╳╳〇╳╳
猜中1次　╳╳╳╳╳╳〇╳
猜中1次　╳╳╳╳╳╳╳〇

猜中2次　〇〇╳╳╳╳╳╳　（有28種組合）
　　　　　〇╳〇╳╳╳╳╳
　　　　　〇╳╳〇╳╳╳╳
　　　　　〇╳╳╳〇╳╳╳

…

（以下略）

....

猜中3次　　○○○×××××（有56種組合）

　　　　　　○○×××××○

…

（以下略）

....

猜中4次　　○○○○××××（有70種組合）

　　　　　　○○○×××××○

…

（以下略）

....

猜中5次　　○○○○○×××（有56種組合）

　　　　　　○○○○×××○

…

（以下略）

....

猜中6次　　○○○○○○××（有28種組合）

　　　　　　○○○○○××○

…

（以下略）

....

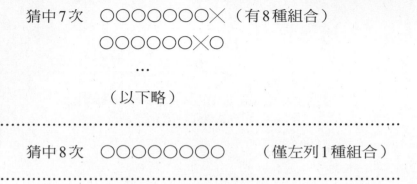

猜中7次　　○○○○○○○✕　（有8種組合）

　　　　　　○○○○○○✕○

　　　　　　　　…

　　　　　（以下略）

．．．．．．．．．．．．．．．．．．．．．．．．．．．．．．．．．．．．．．．

猜中8次　　○○○○○○○○　　　（僅左列1種組合）

．．．．．．．．．．．．．．．．．．．．．．．．．．．．．．．．．．．．．．．

　　終於統整完了，總共256種組合。用這種窮舉的方法（請參照下方註解），看起來不單花時間，還有可能看漏或重複，結果導致計算錯誤。不管如何，我試著把它畫成圖表（下頁圖），來呈現各種猜測的結果。

　　（註：用窮舉法的話，連中8次就已經很辛苦了。如果次數改成100次、1,000次，就不會有人想畫○✕來統計吧。此時，可用數學公式輕鬆算出有幾種組合。下列公式是用來求「從 n 個元素中取出 r 個元素，r 個元素的組合數量」，這是數學中的「組合」問題〔公式的推導請見高中教科書〕。）

$$_nC_r = \frac{n!}{r!(n-r!)}$$ 　　　（n＝總次數、r＝猜中次數、！請參照下方括弧）

假設抽 8 次猜中 3 次的組合，可在上方公式帶入 $n=8$、$r=3$，

$$_8C_3 = \frac{8!}{3!(8-3!)} = \frac{8 \times 7 \times 6 \times 5 \times 4 \times 3 \times 2 \times 1}{3 \times 2 \times 1 \times (5 \times 4 \times 3 \times 2 \times 1)} = 8 \times 7 = 56$$

（8！等於8×7×6×5×4×3×2×1）

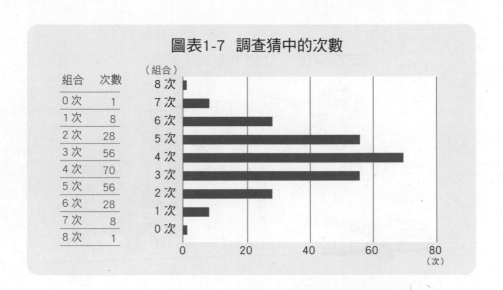

圖表1-7　調查猜中的次數

組合	次數
0 次	1
1 次	8
2 次	28
3 次	56
4 次	70
5 次	56
6 次	28
7 次	8
8 次	1

很多動物其實都沒猜中，只是沒人知道！

回到正題，預測的情況總共有256種組合。章魚保羅的情況便相當於圖表最上面的「8次（連續）」。

不過，世界上有許多人關心世界杯足球賽的輸贏。假設你在全世界準備256種動物，各自分攤一種組合的話，結果會如何？

這樣一來，肯定會有一種動物準確預測到結果。

換言之，不管是哪一種組合，只要256種組合都有1種動物負責，就一定會有動物連續猜中8次。然而，當自己的動物沒猜中時，相關人員如果都不說話，你就不會知道有這回事。

一件稀奇的事情背後，我們只要懷疑後面是否隱藏了某種沉默不語的東西，就會知道這其實一點都不稀奇，不要受騙上當了。

我們都猜錯了，但不說就沒人知道！

4 數字常常會唬人，
怎麼看穿？

有些事情，只要稍微實地調查個3分鐘，就能確認結果。「確認」是不被世俗之說詭騙的好方法。

我在數據相關的專業月刊雜誌擔任編輯時，剛開始要做的就是確保基礎數據（引用的文獻），然後細心核對原稿的數據和數字是否正確。

我在這邊用了「細心」一詞，但這其實是很枯燥的事情。不過，如果到後面才發現基礎數據和數字有誤，那麼在校樣上面做的修改就等於白費功夫了。所以鐵則就是「要先對照原著」。

螺栓不能多也不能少

我從同輩親戚那邊聽到，進入M電氣公司後，會先被分配到工廠，然後每天計算箱子裡頭的螺絲數量是否正確，螺絲會裝在一組30根、40根或50根分裝的箱子裡，然後從輸送帶源源不絕的運送過來。

沒有用感測器來計算嗎？還是感測器和人力各算一次？

是有感測器，可是感測器也會出錯，所以最後才會用人力計算。

少了一根螺栓的確會很困擾……可是如果多放了一根或兩根，顧客反而會很開心，不是嗎？

這可是天大的誤會。當交貨給T車廠後，他們在某個工序鎖完螺栓後，結果發現箱子裡面還有一根螺栓的話，就會以為自己少鎖一根，這可能會影響汽車的安全性，可是會讓車廠翻了天的，所以多一根和少一根都不行。

這樣啊！你那位同輩親戚的工廠研習，目的就是為了把這件事情的重要性告訴新人啊。這種人工檢查很重要呢。

節省 3 分鐘的功夫，可能誤了大事

同樣的，原本只要3分鐘就能調查清楚的事情，卻偷懶不去

做，有時可能會因此失去權威。

　　例如，物理學的書籍常會寫「颱風會因為科氏力的影響，氣旋在北半球是逆時針旋轉（在南半球則是順時針）」，這個內容是正確的，但有些書上會在後面補一句「拿身邊的例子來說，浴室和洗臉臺的排水孔也一樣，水漩渦在北半球會逆時針旋轉」。

　　但實際嘗試之後，就會發現奇怪的地方，因為水漩渦會朝順時針、也會朝逆時針旋轉。我也實際嘗試過，發現事情並不像書上說的那樣，讓我煩惱了好長一段時間。因為我一直不明白，為何不會只朝逆時針旋轉。

圖表1-8　科氏力會讓洗臉臺的水漩渦也朝逆時針旋轉嗎？

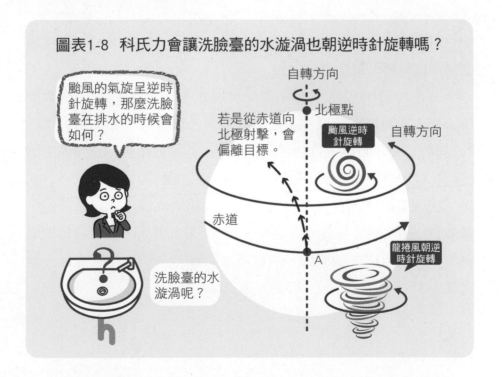

直到後來，我閱讀了《自然界中的左和右》（暫譯，原書名為《*The New Ambidextrous Universe*》，馬丁・加德納〔Martin Gardner〕著，1992年）一書才搞清楚這件事。書中展示了實際的觀測案例，就算是龍捲風，觀測100個也會有1個是逆時針（在北半球是順時針）（據說目前有許多科學家不相信這一點。但看了實際拍攝的照片，就會讓人不得不相信），書中還提到：「如果洗臉臺的排水孔大小像塞子那麼小，則會依據初始條件，使得水漩渦向順時針或逆時針旋轉。」

在另一本《了解物理的實例計算101選》（暫譯，原書名為《*Back-of-the-Envelope Physics*》，Clifford Swartz 著，2003年），中也針對科氏力進行了詳細計算，最後指出「洗臉臺的水漩渦會朝逆時鐘旋轉，只是世俗之說」。

為什麼會出現這樣的錯誤？可以想像大概是有人想得太簡單，覺得「颱風在北半球是逆時針旋轉，那麼還有其他貼近生活的案例嗎？例如浴缸的排水孔之類的……」，之後也有許多人未經確認，就一路沿襲下來，最後變成了世俗之說。

洗臉臺的排水孔是自己馬上就能確認的範圍。自己確認過，就能有自信的說「事實不是這樣」，但要是怠惰了，就會淪為現學現賣。如果自己先檢查過，被世俗之說牽著鼻子走的狀況也會隨之減少。

統計學的六標準差跟奇異的不一樣？

還有一個案例是「六標準差」（Six Sigma），這是美國摩托羅拉（MOTOROLA）公司受到日本的工廠品質管理啟發而開始的制度，後來被美國的奇異（GE）公司等承襲了下來，原理是用統計學的6 σ（標準差 ±6 σ = Six Sigma〔標準差和 σ{Sigma} 會在第4章介紹。現在先知道有這兩個詞就好〕）來進行品質管理。

此處的六標準差是「在品質上，100萬個產品裡頭，只有3個不良品」。但統計學說的6 σ（±6 σ）原本是「10億個裡頭，只有2個不良品」。換言之，其實嚴格1,000倍。在Excel用下列公式，可算出偏離六標準差的機率：

= 1–NORM.DIST(6,0,1,TRUE)

  + NORM.DIST(-6,0,1,TRUE)=0.000000001973175

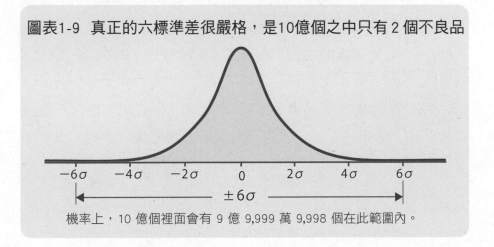

圖表1-9　真正的六標準差很嚴格，是10億個之中只有 2 個不良品

−6σ　−4σ　−2σ　0　2σ　4σ　6σ

±6σ

機率上，10 億個裡面會有 9 億 9,999 萬 9,998 個在此範圍內。

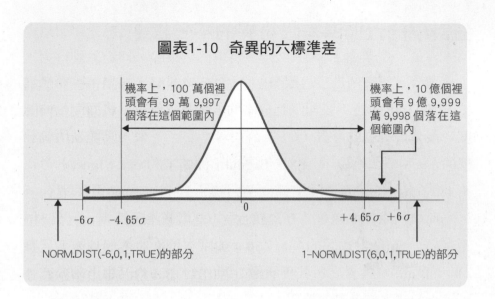

圖表1-10 奇異的六標準差

機率上，100 萬個裡頭會有 99 萬 9,997 個落在這個範圍內

機率上，10 億個裡頭會有 9 億 9,999 萬 9,998 個落在這個範圍內

-6σ -4.65σ 0 +4.65σ +6σ

NORM.DIST(-6,0,1,TRUE)的部分

1-NORM.DIST(6,0,1,TRUE)的部分

　　這意指10億次之中只有約2次。如果100萬個之中有3個，大約是4.65σ左右。

　　這似乎是從「以6σ為目標，但以結果來看，只要有4.5σ的水準即可」這個想法為出發點，但現在還是能看到很多地方會寫「6σ＝100萬個產品只有3個不良品，統計學上說的6σ（以下略）」。

　　每天我們會在電視等大眾媒體看到一些話題，例如「食品安全」和「健康法」等，當我們用自家公司的營收數據與業界資訊，來分析這些內容時，重要的是抱持些許懷疑的態度，「真是如此嗎？」去看待。

5 抽樣的眉角和偏誤

如何妥善縮小母體，是「抽樣」的勝負關鍵。數量太多的話，只會浪費時間和金錢，不妨聰明的縮小母體吧。

在2016年的美國總統大選，共和黨的川普（Donald Trump）和民主黨的希拉蕊・柯林頓（Hillary Clinton）捉對廝殺，最後由川普贏得大選。但是選前預測（民調）幾乎都顯示「希拉蕊占優勢」，實際的得票數也是希拉蕊比較多。為何許多民調分析都會失真呢？

其實，過去還有更爆冷門的美國總統大選，就是發生在1936年的那次選舉。

兩份截然不同的總統大選民調

1936年的美國總統大選，由當時的總統、民主黨的富蘭克林・羅斯福（Franklin D. Roosevelt）出戰共和黨的阿爾夫・蘭登（Alf Landon）。根據民調顯示，共和黨的阿爾夫・蘭登有絕對的優勢。

此時有兩份民調彼此衝突，其中一份是以民調聞名的《文學

文摘》（*The Literary Digest*）所做的，他們預測蘭登的得票率較高
（57%），其樣本數量高達200萬人。

相較之下，成立不久的蓋洛普公司（Gallup，當時的名稱為
美國公共意見研究所）則以僅3,000人的少量樣本，便預測民主黨
的羅斯福得票率較高（54%）。

要說這兩份預測，哪一份比較被看重，不用說當然是《文學
文摘》所做的。因為樣本數是700比1，而且《文學文摘》至今準
確預測過5次的大選結果。

結果卻大爆冷門，羅斯福在全美48州（現為50州）中奪下46
州，獲得的選舉人人數為羅斯福523人，蘭登8人。

圖表1-11　顛覆預測的蓋洛普

3,000 人的民調竟比 200 萬人的準？

　　為何3,000人的樣本數會贏過200萬人的樣本？能想到的原因，是挑選樣本的差異。

　　《文學文摘》是針對自家訂戶、或是有電話和汽車的約1,000萬民眾進行調查，最後得到200萬份有效問卷，回答的都是高所得階級。

　　相較之下，蓋洛普則是將對象細分為「都市的男性與女性」、「農村的男性與女性」、「中產階級的男性與女性」等，然後依據選民的人數挑選樣本。這成為「巧妙濃縮整體民意的樣本」，所以靠3,000人的樣本，就準確預測了大選結果。

　　《文學文摘》的抽樣確實沒有將選民分類，但在此之前還是連續說中5次大選的結果，偏偏這一次卻預測失準，這可能和「社會的變化」有關。

　　1929年，華爾街發生金融危機前，不論所得高低，每個階層的人都過得很富足，選民的步調也很一致，所以就算只取「金字塔頂端」的上流階級當樣本，可以想見整體的抽樣也不會有太大的變化。

　　然而，經濟不景氣改變了民眾的想法，各所得階層的支持也產生了變化。在出現如此變化的時期，蓋洛普採用細分階層來抽樣（分層抽樣）的策略，所以用只有3,000人的民調，也能確實製作出「美國的縮影」。相對的，《文學文摘》則和過去一樣，只鎖

定金字塔頂端的族群，因此就算蒐集了200萬份的數據，照樣會
失準。

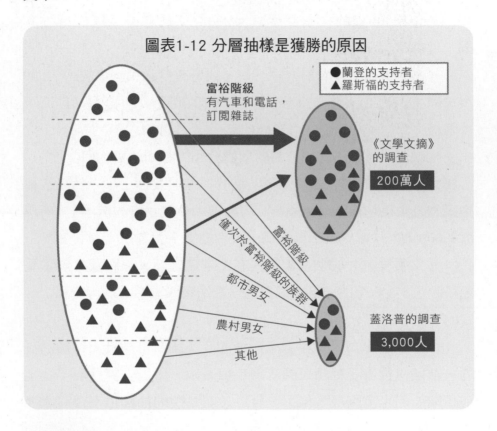

圖表1-12 分層抽樣是獲勝的原因

● 蘭登的支持者
▲ 羅斯福的支持者

富裕階級
有汽車和電話，
訂閱雜誌

《文學文摘》
的調查
200萬人

富裕階級

僅次於富裕階級的族群

都市男女

農村男女

其他

蓋洛普的調查
3,000人

分層抽樣非萬能，調查總是會有瑕疵

　　蓋洛普的方法是依據地區、年齡和性別等「屬性」，分配樣本
數量（分配法），建立所有美國選民的縮圖。而後，每間民調公司
都選擇使用這個分層抽樣的方法。

但在12年後的1948年總統大選，包含蓋洛普在內的多數民調公司，都預測失準了。失敗的原因不是因為分層抽樣有問題，而是一個更人為的因素，就是「調查人員挑選的調查對象」。

當時「實際要調查誰」是交由第一線的調查人員決定，但調查人員會選擇容易請託的對象，一般認為這其實就是預測失準的原因。

於是，現今則採用「隨機抽樣法」，也就是不透過調查人員、而是改由電腦隨機選出民調對象。還有一種隨機撥號法（Random Digit Dialing，簡稱RDD）現在也很常用。

RDD法是用電腦隨機挑選數字組合成電話號碼，再進行電話民調。

RDD法
會隨機挑選數字
並撥打電話。

可是，RDD法也並非十全十美。因為接到電話的人可能不信任調查人員，而且在白天接電話的，大都是家庭主婦，這會形成「抽樣偏差」（回應者偏誤）。

統計學的教科書上會寫「只要隨機抽樣即可」，但就現實來看，要實現百分之百的隨機抽樣，還是很困難。

因為這樣，進入21世紀後，在2016年的「希拉蕊·柯林頓對決川普」的總統大選中，民調才會預測落空。雖然只是單純的「二取一」，但要正確的預測，其實很不容易。

嗯嗯，原來是這樣。不是蒐集大量的數據就好，就算有分層取樣，也不見得可以完全放心⋯⋯。

觀察媒體的民調方式，大都會寫是用「RDD法取樣」。這樣一來，人們會容易以為用「RDD法」調查，就不會有誤，但其實到處都會有漏洞。

換句話說，不要以為數據是數字資料，就不會出錯，也不要以為是大型調查機構做的，就沒有問題，必須仔細觀察這些數據裡頭，是否隱藏了偏差。

資料丟進資源回收筒刪除，為何還能夠還原？

過去曾發生一起事件，就是日本神奈川縣的硬碟銷毀業者，在未確實刪除數據資料的情況下，非法轉賣了硬碟，造成一般市民的個資外洩。這件事與我們息息相關。硬碟報廢時，必須經過一定等級以上的「數據刪除」，否則資料就有機會復原，很可能會造成顧客資料外洩。

我們通常會把不要的檔案和資料夾丟進作業系統的資源回收筒，然後再點選「清理資源回收筒」，看起來資料就被刪除掉了。然而，不管是文字或是圖像，都「幾乎可以百分之百還原」（只要原本儲存的位置，後續沒有寫入其他文字和圖像）。

以書本來比喻，刪除只是讓「目錄」隱藏起來、看不到，切斷了從目錄到本文的連結。所以使用還原軟體復原「目錄」後，就能再次看見本文。

如果要徹底刪除資料，可購買市售的「刪除軟體」（data erasing software），不過電腦內其實已經安裝了軟體，能幫助徹底刪除資料，直接使用就可以了。

以Mac來舉例，啟動硬碟工具程式，選擇想完全刪除數據的媒體後，點選「安全層級選項」，其中會有4個層級的刪除方式可供挑選。選擇「最安全」的刪除方式，數據會被覆寫7次。電腦內建的硬碟，就可以用這種方法刪除資料。

（接下頁）

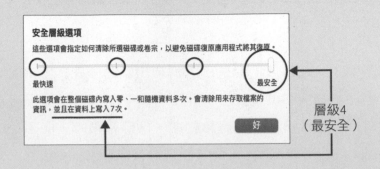

安全層級選項

這些選項會指定如何清除所選磁碟或卷宗，以避免磁碟復原應用程式將其復原。

最快速　　　　　　　　　　　　　　　　　最安全

此選項會在整個磁碟內寫入零、一和隨機資料多次。會清除用來存取檔案的資訊，並且在資料上寫入7次。

好

層級4
（最安全）

最確實的刪除就是「物理破壞」

　　如果是傳統硬碟和固態硬碟等外接式硬碟，則可採用「物理破壞」的方法。一言以蔽之，就是「損壞記錄資料的磁碟表面」（數據儲存處），這種方法很粗暴，但也最確實。

　　打開外接硬碟的外殼，讓磁碟本體外露後，用螺絲起子刮傷硬碟的表面（最近都很難打開硬碟外殼）。

　　如果是CD、DVD、藍光光碟，或是最近已經看不到的MO（磁光碟）和磁片等儲存媒體，可直接用剪刀剪壞圓盤，最好剪兩個地方會比較保險。

　　當然「物理破壞」只能針對自家公司購買的外接硬碟，不能用來破壞租賃期滿的東西。

　　刪除數據資料不能假手他人。避免數據外流的關鍵，就是「親手做到最大限度且安全的刪除數據」。

損壞硬碟表面，
使其無法讀取。

CD、DVD和磁片等，
可用剪刀破壞。

先把會擋住剪刀的
東西移除。

第2章

隨機對照試驗，
驗證你的假說

不同於自然科學的實驗，在商場上很難齊備同等條件來「比較」。但如果使用「隨機對照試驗」，就能實現某種程度的對應。本章會以真實和網路世界中的實際案例，介紹如何用隨機對照試驗證明「假說」。

1 對照組與介入組的實驗

在商場上，我們很難設定相同條件，以重現的方式來「比較」。然而，雖然說不上是完美，但還是有方法，能驗證兩者之間的因果關係。

常常有人說：「不能只看相關關係，必須看因果關係。」或是問：「有什麼根據嗎？」我該怎麼做，才能回應這兩個問題？

喔？妳一下子就問到重點了。「相關關係和因果關係」的部分，會在後面（第5章）介紹，在這裡先說明「隨機對照試驗（實驗）」（Randomized Controlled Trial，簡稱RCT）。

對，就是那個「隨機什麼試驗」，聽起來好像很艱深，還請簡單說明一下，可以的話，請用一句話來解釋。

隨機對照試驗能在評估時消除偏差，客觀評估「某個主要原因」對疾病和治療的影響。醫療領域常會使用這個方法。

說到測試或實驗，只是實際確認某個假說和理論是否實際切合的過程呢。

對，在自然科學（物理學、化學等）領域，做實驗比其他領域還要容易一些。假設想確認「在1大氣壓力下，水會在100℃沸騰」，只要在平地（1大氣壓力環境），確認水是否會在100℃沸騰即可。

對，如果是在富士山（高山）上，會因為氣壓降低，水會在88℃就沸騰，味道也會變差。這就是為什麼要利用壓力鍋，也是料理的基礎！

同樣是自然科學，太空領域的「實驗」就很困難。因為就算你想重現138億年前的大爆炸，宇宙早就已經完全冷卻了。只能用「觀測」來取代實驗。

那個……我想知道的是在一般生活和商務場合，我們該怎麼找出「原因是什麼」。這既無法實驗，也不能用望遠鏡觀測吧。

剛才提到的隨機對照試驗，就是為了解決妳提出的問題。我們一起來看案例，想必會比較容易理解。

　　的確，說到人類心理和經濟的話題，就很難做實驗。要實驗博多豚骨拉麵和札幌味噌拉麵哪個好吃，假設10個人裡面有7個人舉手、說「博多拉麵好吃」，但這7個人可能都是福岡人。樣本如果有偏差，就無法主張自己公平的判斷。那麼，應該如何建置毫無偏差的方法？

　　人類有不同的性別、體格和個性，所以單是召集10個人做實驗，還是很難正確的測量。

用隨機對照試驗檢驗藥效

　　但是，也並非毫無方法。「並非毫無方法」這句話聽起來很模稜兩可，但這個方法正是醫療領域常用的「隨機對照試驗」。

　　假設，現在我們開發了一款藥，叫做「記憶變好藥」，可望增進記憶力。那該怎麼用實驗來驗證這款藥的效果？

　　能想到的，就是把實驗參加者分成兩組（A和B），然後讓A

組服用「記憶變好藥」，B組服用安慰劑。當然，實驗人員不會告訴B組的參加者，他們服用的是安慰劑。

實驗結果假設A組的7個人出現記憶力增進的情形，而B組的人明顯沒有出現效果時，就能判斷「記憶變好藥有增進記憶力的功效」。

隨機區分介入組和對照組

但是，又該怎麼挑選A組和B組的人？如果A組是找剛好來到醫院的人，B組是找「主動想參加記憶變好藥實驗」的人，這樣B組參加者的「期待度」會很高，所以就算服用安慰劑，也會因為安慰劑效應，使得記憶力考試的結果變好。

所以要讓兩個分組的條件一致（相近），就必須透過「隨機」分組。換句話說，

❶ 盡可能多找人。

❷ 隨機打亂性別、地區、年齡和既往病史，再分成A、B兩組進行。

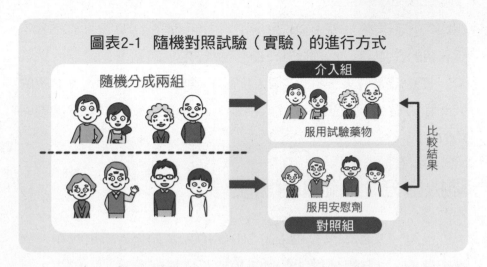

圖表2-1　隨機對照試驗（實驗）的進行方式

隨機分成兩組

介入組

服用試驗藥物

對照組

服用安慰劑

比較結果

這樣一來，就能消除（減輕）兩組的偏差（偏誤）。另外，想探究「記憶變好藥」的藥效時，服用實驗藥物的Ａ組稱為「介入組」（實驗組），服用安慰劑的Ｂ組則稱為「對照組」（比較組）。

除了比較條件，其他條件要相同

我們用一個簡單的案例來說明。現在有一個番茄Ａ的品種經過改良、收穫量有望提升，你想測試它的收穫量是否真的增加。

這時，把番茄Ａ和番茄Ｂ如下頁上方的圖片一樣分成兩組，結果會如何？從結論來說，這是一個糟糕的方法。因為番茄Ａ組比較靠近大樹，它們的生長可能會受樹蔭影響（日照減少）。

農田會因為日照、排水、土壤狀況、是否有鼴鼠和蚯蚓、有無病蟲害等，栽種的場所只要有一點不同，生長條件就會出現各種差異。如果統一栽種在某處，也有可能受到環境差異的影響。

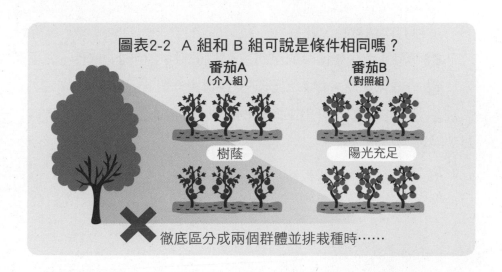

圖表2-2 A 組和 B 組可說是條件相同嗎？

番茄A（介入組）　　番茄B（對照組）

樹蔭　　　陽光充足

✕ 徹底區分成兩個群體並排栽種時……

如果像下圖一樣，將番茄A和番茄B隨機分組，結果會如何？這樣一來，就能把介入組（A）和對照組（B）受到的環境（日照、水源和土壤狀況）影響降到最低，讓條件幾乎相同。

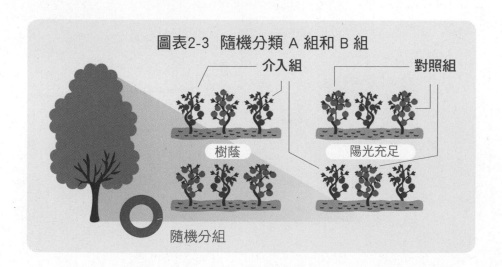

圖表2-3 隨機分類 A 組和 B 組

介入組　　　對照組

樹蔭　　　陽光充足

隨機分組

這裡有兩個重點，就是：

❶ 只挑1項「想比較的東西」，其他都採用相同的條件。

❷ 分成兩組時，樣本數量要多且隨機分組。

想要隨機分組，可用丟硬幣的正、反面決定吧。這是讓隨機對照試驗成功的訣竅。

2 現實中很難做 AB 測試，但網路可以

在現實世界中，大都很難做隨機對照試驗，但在網路世界卻可以輕鬆實行，也就是 AB 測試。

用哪個當書名才會賣，可以先測試嗎？

原來如此，太好了！看來隨機對照試驗也能運用在商業上，這太萬能了，萬歲！

不過，有時也很難運用在某些案例。例如，我老爸在出版社工作的時候，很猶豫某一本書的書名到底要用「A」還是「B」，最後選擇了A書名。

這也沒辦法呢，總不能內容一樣，卻是用兩個不同的書名出版吧。

然而，當下永遠無法確認「用B書名出版而暢銷時，書的營收跟用A書名出版的情況比較起來如何」。只要選擇其中一個，另一個選項就會消失。

的確，如果能事前知道「哪邊比較好」，就會知道該用哪個書名出版了。可是我們根本沒辦法知道吧。

有一本翻譯書籍，剛開始X出版社用「X」的書名出版，但是賣得不好，接著之後取得出版權的Y出版社，用「Y」書名出版，一樣不暢銷。最後Z出版社買下出版權，然後用「Z」書名出版，結果大獲成功。這個「Z」書名是一個跟原書名差了十萬八千里的超譯書名，結果卻是最暢銷的！

這樣一來，就表示百分之百是「Z」書名比較好呢。咦？等一下，書本的內容一樣，價格也幾乎相同，然後因為書名不一樣而大賣……話雖如此，可是發售的時間不太一樣吧，順序應該是X、Y、Z。

就是這一點，發售時期不同，所以不能斷定是「靠書名大賣」。其中有出版時間和書名兩種差異。

這樣啊，很難同時販售商品，然後光靠不同的書名或商品的設計，來比較「營收會有什麼變化」呢。

不過，這是在現實世界。如果是在網路上，狀況就不同了。下面就來聊聊這個話題吧。

歐巴馬的勝選，也是靠網路的 AB 測試？

2008 年美國總統大選，由民主黨的歐巴馬（Barack Obama）出戰共和黨的麥肯（John McCain），當時歐巴馬用「隨機對照試驗」投石問路，用的方法就是「AB 測試」。

負責操作的是前 Google 公司瀏覽器開發團隊經理丹・西羅克（Dan Siroker），他從變更歐巴馬陣營的網站開始著手。在美國總統大選中，向支持者募款是很重要的一環。

所以要先請造訪歐巴馬網站的人註冊郵件列表，後續再請他們捐款。於是，歐巴馬陣營思考了 6 種首頁。有受到支持者圍繞、露出笑容的歐巴馬照片、家人合照，甚至有歐巴馬的演說影片。

①圖片：被眾多國旗圍繞的歐巴馬。

②圖片：跟家人合照、表情溫柔的歐巴馬。

③圖片：威嚴可敬的歐巴馬。

④影片：說話中的歐巴馬。

⑤影片：演講中的歐巴馬。

⑥影片：支持者也一同入鏡的影片。

之後他們發現，網站雖然準備了全紅的「❶SIGN UP」（註冊）按鈕，卻幾乎沒有人按。於是他們稍微改變了一下，準備了❷LEARN MORE（了解更多）、❸JOIN US NOW（現在加入我們）、❹SIGN UP NOW（立刻註冊）共4種類型，最後搭配有⑥×❹、共24種網站方案。

歐巴馬陣營中大都認為「影片比照片好，而且要用歐巴馬的演講影片」，但西羅克則認為「先不要一口斷定，都測試看看」。

另外，①和「SIGN UP」的組合是對照組，其他的則是介入組。

圖表2-4 不要直接從 24 種之中選 1 個，全都測試看看！

①圖片：被眾多國旗圍繞的歐巴馬
②圖片：跟家人合照、表情溫柔的歐巴馬
③圖片：威嚴可敬的歐巴馬
④影片：說話中的歐巴馬
⑤影片：演講中的歐巴馬
⑥影片：支持者也一同入鏡的影片

SIGN UP

LEARN MORE

JOIN US NOW

SIGN UP NOW

最後，競選團隊針對造訪歐巴馬網站的31萬人，隨機準備了6種網站入口，且各自準備了4種類型的訊息方案，讓這24種組合都有人看到。

透過這個方法，他們發現信箱註冊率最高的是「家人合照＋LEARN MORE」，所以就決定採用這個組合。這個結果完全否定了歐巴馬陣營最初預期的「影片比照片好」，也顯示人類的直覺有多麼不可靠。

AB測試可以做「網頁上的隨機對照試驗」。這裡的重點在於隨機分組，不要由人去挑選訪客，這樣也能同時確認人類的直覺和實際成果的差異。

3 動用一艘軍艦來驗證假說

明治時代（按：1868年～1912年），日本海軍率先實行了一場大型實驗，可謂是隨機對照試驗的先驅，成果又是如何？

咦？我看了下一頁的南極地圖，有一個地方叫做「高木岬」耶。這不是日本人的名字嗎？

啊，是高木兼寬（1849年～1920年）的「高木」呢，那是為了記念他的功績而命名的。

高木是什麼樣的人啊？他橫跨了南極大陸嗎？應該先問他是什麼時候的人？

高木兼寬是大日本帝國海軍的軍醫總監（按：日本軍醫的最高階級），也是東京慈惠會醫科大學的創辦人，人稱「日本流行病學之父」。對了，他果斷進行了一場可說是隨機對照試驗的大型實驗，我們就來聊聊這個故事吧。

在明治時代，有一個問題讓日本軍隊很煩惱，那就是「腳氣病」。現在已經不會有人害怕腳氣病了，但腳氣病曾在明治時代於

軍隊內爆發大流行，造成數萬名士兵死亡。

在江戶時代，吃得起白米的江戶和大坂（按：古地名）居民開始罹患腳氣病，腳氣病因此有了「江戶病」的稱呼，可是罹病原因卻一直不明。

明治16年（1883年），日本海軍發生了一起讓人心痛的事件。一艘從紐西蘭前往夏威夷的軍艦「龍驤」上，共376名船員當中，有169人罹患腳氣病，最後造成25人死亡。當時腳氣病大多發生在下級士兵身上。

感染率45%、死亡率7%，這些慘烈的數字遠高於2020年停泊在橫濱港的鑽石公主號（鑽石公主號因為新冠疫情，約3,700名乘客和

高木岬

南極大陸

船員中，共有712人感染＝19%，死亡人數13名＝0.35%，截至2020年4月28日）。

現在我們知道，腳氣病是因為維生素B1攝取不足，也就是因「營養不良」所引發的疾病。這是因為稻米在精製成白米的過程中，會去除富含維生素的胚芽，如果不充分攝取肉類和蔬菜等配

菜，就容易罹患腳氣病。

驗證假說，不惜動用一艘「軍艦」

當時高木設定假說，認為腳氣病是源自「營養不良」，但陸軍卻很堅持是源自「細菌」。

在軍艦「龍驤」的案例中，腳氣集中發生在下級士兵身上，他們的飲食與上級士兵的不同之處在於配菜。換句話說，上級士兵是吃白米和配菜，下級士兵只有白米。部隊雖然發加菜金讓士兵去買自己愛吃的配菜，但下級士兵把錢省下來儲蓄，實際上幾乎沒有攝取其他蔬菜和肉類。

於是，高木設定「腳氣病是因為營養不良」的假說，並讓軍艦「筑波」出港驗證，筑波艦的大小幾近龍驤艦，而且路線和航行日期幾乎和龍驤艦一致。不同於龍驤艦的一點，就是「飲食」。筑波艦上的下級士兵不僅有白米，還會確實供給配菜。

在這個案例中，龍驤艦是「對照組」，筑波艦是「介入組」，這是一場浩大的隨機對照試驗，可說是應用了英式的流行病學調查（這邊稱作「約翰・斯諾式」，可能會比較恰當，接下來會在下一節介紹）。

實驗的結果如第86頁表格所示，最後筑波艦的船員，僅15人罹患腳氣病。

而且後來還得知，這15人是未依照指示攝取飲食。這場實驗非常成功，高木也因此被稱為「日本流行病學之父」。

圖表2-5 用「筑波」複製「龍驤」，實行對照試驗

軍艦名稱	龍驤	筑波
飲　食	給下級士兵白米，發加菜金。	給下級士兵白米與配菜。
路　線	品川→紐西蘭→智利→夏威夷（檀香山）→品川	
日　期	1882年12月從品川出港，1883年9月返回品川。1884年2月從品川出港，同年11月返回品川。	
全　長	63m	58m
總噸數	2,500噸	2,000噸
船員數	約380名	約300名
艦　種	護衛艦	護衛艦

軍艦「龍驤」
（相當於對照組）

軍艦「筑波」
（相當於介入組）

圖表2-6　筑波艦的死者人數為「零」！

軍艦名稱	龍驤	筑波
罹患腳氣病的人數	169人	15人
因腳氣病而死亡的人數	25人	0人

（關於數字，有各種說法。）

　　於是，在1884年，日本海軍脫離了白米主義，將部隊飲食改為「西餐＋麥飯」，結果成功將腳氣病的發病率從23.1%（1883年）大幅降低到未滿1%（1885年）。

　　然而，陸軍卻沒有沿襲海軍的方式，反而批評海軍的部隊飲食改革。當時日本的醫學主流是德國醫學（海軍是英國醫學），所以陸軍持續堅持「細菌由來說」（傳染病論）（右頁註）。主導這項說法的中心人物，是陸軍軍醫總監森鷗外，也就是日本知名小說家森鷗外本人。

　　結果很明顯。日本陸軍無視高木的成果（數據），在日俄戰爭（1904年～1905年）動員的100萬人中，有46,423人戰死，但因罹患腳氣病而無法上戰場的人高達25萬人，其中有27,468人死於腳氣病（關於數字有各種說法）。

　　高木用軍艦筑波所進行的實驗，可說是一場浩大的隨機對照試驗吧。而陸軍則是在森鷗外過世之後，才改變飲食。

總覺得這個故事好悲傷。好不容易得到了一份好數據，但是在判斷數據上，感覺又是另一個問題了。雙方之所以無法共享結果，是因為組織的問題，還是男人的面子呢？

這些應該都有吧，如果要替森鷗外辯護的話，其實他留學德國時，恰好是細菌學最輝煌的時代。所以他才會紅著眼、拚命想要發現「腳氣菌」。在那之前，還有人認為「空氣不良」是腳氣病的原因（瘴氣論）……啊，下一節來講更早一點的故事吧。

（註）1885年東京大學教授緒方正規（1853年～1919年）發表「發現了腳氣菌」，但當時正在德國留學的北里柴三郎否定了這項研究。由於北里是在緒方的推薦下得以留學德國，所以東大醫學院還批評「北里是一個不知感恩的人」。

當時北里在羅伯‧柯霍（Robert Koch，細菌學始祖之一，1843年～1910年）的門下，持續進行了許多驚人的發現和開發（如純種培養出破傷風菌、開發血清療法等），所以全球各地都想招攬北里，而北里一心想拯救日本脆弱的醫療體制而回國，儘管如此，卻遭受到東大醫學院的徹底抵制，使得北里無法在日本大展身手。

福澤諭吉聽到這件事情後，成立了傳染病研究所，並邀請北里擔任第一任所長。之後，北里因為發現鼠疫桿菌等取得輝煌的成功。但傳染病研究所突然被併入東京大學、成了其下級組織，而且與北里對立的青山胤通成為所長，於是北里離開研究所，並自費設立「北里研究所」（現在的北里大學）。另外在福澤諭吉死後，北里為了報答他的恩情，成立了慶應義塾大學醫學院，並擔任第一任醫學院長。

在那之後也一樣，提倡腳氣細菌論的東大和森鷗外持續排擠北里，國內甚至發表了許多論文，主張「北里發現的不是鼠疫桿菌」，這也成為北里榮三郎未獲得第一屆諾貝爾獎的原因之一。

高木兼寬如何從數據逼近事實

在整個明治年間，日本國內據說每年有6,500人到15,000人因腳氣病而死。而在1879年（明治12年），東京出現了專門醫治腳氣病的醫院。

當時的醫師是從西醫和中醫裡挑選。為何以西洋醫學為模範的明治政府，會連中醫都納入？這可能是因為從歐洲來到日本的外籍醫師群，沒有腳氣病的相關知識。

為什麼擁有先進醫學知識的外籍醫生，會完全不知道腳氣病？這是因為西方根本就沒有腳氣病，所以他們才會提出「細菌論」，也就是認為腳氣病是一種傳染病，卻又無法有效的治療，所以才會動員自古（《日本書紀》中也有類似症狀的記述）就和腳氣病打交道的中醫。

高木兼寬從留學地英國回到日本後，知道了這家醫治腳氣病的醫院，但多位醫師幾經奮鬥，卻還是找不到原因和治療方法。高木在英國留學時，曾在聖湯瑪士醫院服務，卻從未看過腳氣病患者。即便詢問教授關於腳氣病的事情，教授也說從未聽過腳氣病這種疾病……。

為何英國沒有腳氣病，但日本卻有？如果是因為細菌，那英國應該也會出現腳氣病才對，所以細菌論可以認為是「世俗之說」、「偏誤」。

於是高木開始接觸全海軍的統計數據，也就是「真實」。1878

年（明治11年），海軍的總兵員4,528人中，腳氣病患者有1,485人，罹患率高達32.8％。但觀察前一年（1877年）的統計數據，高木發現海軍總人數是1,552人，共有6,344人次罹患了腳氣病，這個事實讓他很驚訝，這代表平均每人罹患了4次。

那麼，腳氣病的原因是什麼？高木一開始懷疑「腳氣病與季節有關」。雖然一般認為腳氣病好發於春季到夏季，但觀察數據後會發現，秋季到冬季也有人患病，看來季節因素並非一切。

接著，高木研究腳氣病與海軍人員部署的關係，發現船上（海上）和兵營（陸上）的發生率相同。

在這裡，他發現應該注意的事實。觀察1875年（明治8年）出海航行的軍艦「筑波」（前面說的「筑波」實驗是在明治17年，這份是9年前的航海）的往返紀錄，「比較」航行和登陸時的腳氣症狀，會發現以下的紀錄：

· 航海中頻繁發生腳氣病。
· 停靠在檀香山和舊金山時，無人發病。
· 返航時也大量出現腳氣病。

而且「筑波」往返澳洲雪梨時也一樣：

· 停靠在雪梨時，未出現腳氣病患者。
· 返航途中，146人中出現47名患者。

（接下頁）

　　從這些紀錄中，他注意到船員在國外靠港時，會上岸吃西餐；而在船上時，則恢復為日式飲食。再加上高木訪問當時在筑波艦上的士官詢問細節，讓他確信「腳氣病可能是飲食引起的」（參照上一節）。

　　高木分析數據，從中列出「候選因素」、反覆剔除……然後反覆質疑「為什麼」，並徵詢了許多人，所以才能夠逼近真正的原因。

　　　　　　　　（此專欄主要參考了《白色的航跡》〔吉村昭〕。）

4 就算因果不明，也能導出真相

沒有因果關係，就無法證明。然而，不見得每次都能釐清到因果關係的層次。這時該怎麼做？

我逐漸了解隨機對照試驗怎麼做了，有點開心。現在不管遇到什麼狀況都OK，我可是很有自信呢。

咦，是這樣嗎？在商業領域中，大都會在不明白真正原因的狀況下，被迫出手解決問題呢。

果然，沒這麼簡單啊……在很多狀況下，我們雖不清楚「原因」，卻還是必須解決眼前的問題。

對，在英國曾經發生過一起事件，年代比上一節的腳氣病問題更早，我們就來聊聊這件事吧。因為這個案例是在未完全理解「原因」的情況下，最後還是解決了問題。

數次霍亂大流行侵襲倫敦

在19世紀的倫敦，發生了一起事件，當時專家憑藉統計學，

就控制了霍亂的全球大流行。這起事件正是「流行病學」（調查傳染病的流行狀況或發生原因的學問，是以集團為對象進行預防等工作）的起始。

1852年繪製的畫作《霍亂國王的法庭》

A COURT FOR KING CHOLERA.

當時倫敦的近代上、下水道系統尚未完善，居民大量進入都市和缺乏衛生服務，導致倫敦出現嚴重的糞尿汙染問題。換言之，人類和動物的糞便，會連同各種汙染物質，流入倫敦的原始下水道系統，因此飄散著惡臭。

當時人們認為惡臭引來侵害倫敦的疾病，霍亂也不例外，大家都認為霍亂是因為「壞空氣而感染」，這被稱為「瘴氣論」。

當時的倫敦已經在1832年、1849年和1854年都發生了大規模的霍亂大流行。當時人們不知道為何會引發霍亂，當然也無法採取根本性的對策。

而流行病學的作用，就是在霍亂的傳染機制還不明朗的階段，便從多數患者的患病數據預測發生地點，並試圖控制霍亂大流行。

流行病學的初始，就是人稱「流行病學之父」的約翰‧斯諾博士（John Snow，1813年～1858年）。當時的民眾深信，霍亂的傳染源是壞空氣，人們只能夠活在恐懼中卻毫無對策。

從患者的罹病地圖，發現詭異感染者

但斯諾博士對瘴氣論抱持懷疑的態度。這是因為仔細調查霍亂患者的發生地區後，他發現就算在相同區域、患者的住家也很分散。再從嘔吐和腹瀉的症狀來看，他推測是「飲用受汙染的水源才會罹患霍亂」，所以設定自己的假說，並開始進行流行病學調查，他的假說是：「霍亂並非瘴氣引起，而是經口傳染。」

借用斯諾的話，就是：

❶ 霍亂會人傳人，不過在同一個房間照顧患者的人，卻未必會感染霍亂。

❷ 霍亂之毒會傳播得很遠，不見得要在感染者身旁，才會罹患霍亂。

因為這兩點，讓他認為「霍亂不會藉由惡臭（瘴氣）傳染」。

1854年8月，以倫敦的寬街為中心（請參照下頁地圖）爆發

了霍亂傳染事件。

斯諾在寬街仔細調查了罹病和未罹病的家戶，鎖定了「受汙染的水井」。關鍵性的證據是某個特定人物，他住的地方離汙染的那口井很遠，住家附近也沒有半個人罹患霍亂，他自己卻罹病了（因為該處的井水以可口聞名，所以這個人在搬家後，專程用馬車來這裡載水）。

於是倫敦市依照斯諾的指示、封閉了水井，便成功控制了霍亂大流行。

圖表2-7　霍亂的分布和爆發點的水井（左圖是紀念幫浦）

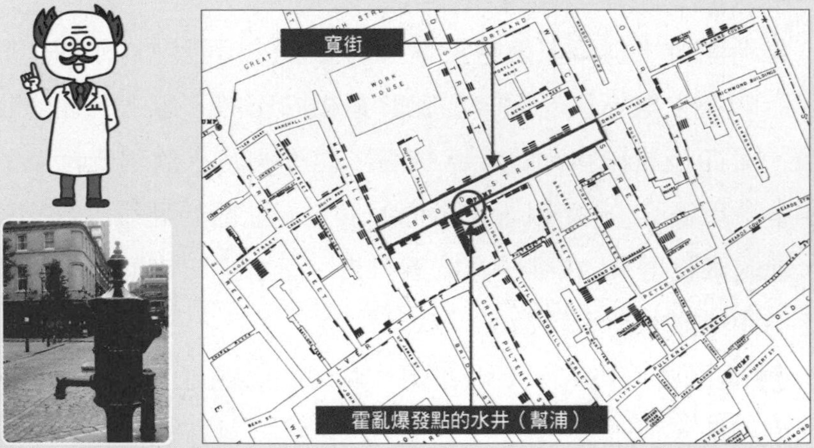

寬街

霍亂爆發點的水井（幫浦）

霍亂其實是由「霍亂弧菌」引起的，這是在1883年才發現的事實，距離斯諾對抗霍亂已經過了30年。發現霍亂弧菌的，是德國細菌學家羅伯・柯霍。

然而，斯諾雖然不知道霍亂弧菌，卻還是透過「釐清傳染路徑（感染者）→找出傳染源（水井）」，腳踏實地的進行流行病學研究，阻止了霍亂大流行。

正如前述，在19世紀的倫敦，一般人廣泛認為「覆蓋城鎮的壞空氣（瘴氣）是霍亂的病因」，但斯諾博士觀察許多患者，決定採用以下實際的方法：

①觀察多數患者的生活環境。

②繪製患者的罹病地圖。

用歸納法合理懷疑「原因可能是水源，而非空氣（瘴氣）」。

如果能釐清因果關係，當然最好。但「因果關係不明」，這在商業的世界裡可說是家常便飯。斯諾博士的案例告訴我們，就算不知道因果關係，也能從多數患者的生活和罹病（流行病學），用歸納法找出原因、並解決問題。

雖然不知道真正的原因，還是能擬定對策

我們再看一個斯諾博士的霍亂對策吧。

下頁表格比較了與自來水公司南華克（Southwark）和蘭貝斯（Lambeth）簽約的居民中因霍亂死亡的人數，兩家業者皆是從泰晤士河取水，但與兩家業者簽約的居民卻有完全不同的結果，因為「每1萬房屋數的死亡人數」差了1個位數。

飲用南華克公司水源的房屋，每一萬間的霍亂死亡人數比蘭貝斯公司多了8倍至9倍，很自然會覺得「裡頭一定有問題」。相

就算不了解因果關係，有些事還是必須當機立斷？

圖表2-8　自來水公司和霍亂死亡者的相關關係

公司名稱	房屋數	霍亂死者	每1萬房屋數的死亡人數
Southwark and Vauxhall Company	40,046	1,263	315
Lambeth Company	26,107	98	37
其他	256,423	1,422	59

資料來源：《*On the Mode of Communication of Cholera*》，約翰・斯諾。

關關係非常明顯。

接著，觀察南華克和蘭貝斯的取水位置，前者是在下游，後者則是在上游處取水。接下來只要動腦推測，就能推理出「倫敦居民混有霍亂弧菌的汙水，汙染了下游處的水源」。

斯諾博士的對策，是停止使用南華克的自來水。此處分析數據的目的是「終止霍亂大流行」，所以要伴隨實際行動，數據分析

才有意義。

假如感染霍亂的情況沒有變化，斯諾博士肯定會思考其他的對策來因應。

南華克公司或許會不滿的覺得「沒有科學根據」，但緊急狀況下要採取寧枉勿縱的判斷方式，才能成功終止霍亂。如果抱持的態度是「在知道真正的原因之前，要避免妄下判斷」，想必霍亂只會更擴散吧（況且當時還不知道霍亂弧菌的存在，所以無法找到真正的原因）。也就是得「在不知道真正的原因時，靠相關數據行動」。

另外，現在已經知道早在羅伯・柯霍發現霍亂弧菌的30年前（1854年），義大利的菲利波・帕西尼（Filippo Pacini，1812年～1883年）就已經發現了霍亂弧菌。

霍亂在日本流行，始於江戶幕府末期（1853年～1869年），因為病況凶狠如猛獸，而且發音「cholera」的語感在日本被讀作「corori」，還有人將霍亂描繪成頭部是虎（日語讀音近似co）、身體是狼（日語讀音近似ro）、尾巴是狸貓（日語讀音近似ri）的虛構野獸，可見當時的民眾有多麼畏懼。

5 統計出現顯著差異，這可能不是偶然

判斷「從客觀角度來看，該假說可視為『正確』」的根據基礎，也稱作「有顯著差異」。

聽完腳氣病的故事，才知道高木好不容易用一艘軍艦得出非常優秀的數據，但陸軍卻因為面子和固持己見，結果造成許多人死亡……。

但相反的，也有像斯諾博士一樣，在毫無根據的階段，照樣從第一線的事實和假說，用最好的方式解決問題……。

對啊，如果有某種「判斷的根據基準」，讓我們知道某個假說可被認為是正確的，那就好了。

那就是「顯著差異」。大家常會聽到「在統計上有顯著差異」或「無顯著差異」之類的用語吧。這是指對於事先構思的假說，實際上雖然有誤差，但考量到該誤差的大小，假說是否依舊成立的意思。

我很有興趣！「在統計上有顯著差異」，這句話實在很難理解啊。就算只有基礎也好，請教教我。

「顯著差異」是什麼意思？得要先理解才行

有顯著差異，是指「從機率上來思考，發生了機率低的事，但不管怎麼想，都很難想成是偶然，因此看似具有某種意義」。

用一句話來說明，就是所謂的「顯著差異」，是指很難用「偶然」來說明的事！

例如，有位女性說：「我可以透視撲克牌，所以就算把牌蓋著，如果只是猜紅色或黑色，我都可以輕鬆猜到。」

若是想確認她說的是否為真，就應該實際來實驗。首先拿掉人頭牌和鬼牌，從剩下的40張（紅、黑色各20張）裡，選一張蓋著，再測試她是否能猜中即可。

用一般的認知來說，會覺得「她在說謊，就算做了實驗，她也不會猜中」。把這個想法變成假說，可預測她猜中的機率大約是「1/2」，接下來就開始實驗吧。

建立「她在說謊」的假說。

蓋起來也沒用，因為我能透視撲克牌。

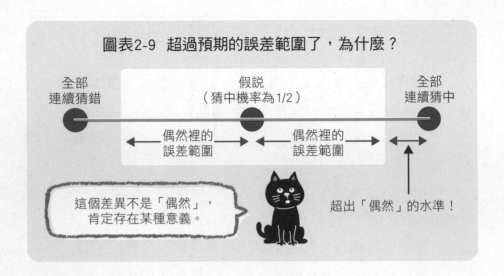

圖表2-9 超過預期的誤差範圍了,為什麼?

全部連續猜錯 — 假説(猜中機率為1/2) — 全部連續猜中

偶然裡的誤差範圍 ← → ← 偶然裡的誤差範圍 →

這個差異不是「偶然」,肯定存在某種意義。

超出「偶然」的水準!

結果,第1次猜對了,第2次也猜對了……到這裡只算是「偶然」或「運氣好」的範圍吧。但如果第3次、第4次……最後連續猜中8次,又該怎麼說?連續8次猜中就是:

$1/2 × 1/2 × 1/2 × 1/2 × 1/2 × 1/2 × 1/2 × 1/2 = 1/256(0.0039)$

而0.0039 ≒ 0.004,機率居然只有0.4%。先前我們的假說認為對方在說謊,預測猜中的機率只有1/2(0.5),所以這個差異就是:

$0.5 - 0.004 = 0.496$

數字實在差太多了。實在很難說是「偶然」或「在誤差範圍內」,這肯定有顯著的差異(所以稱為「顯著差異」)。

「如果是偶然,會用2次猜中1次的機率,猜中紅、黑色,但對方卻用256次才會發生1次的機率實現了」——這種狀況已經很

難說是偶然或運氣好了吧。

這樣就必須認為「我自己看不出來,只能相信她真的可以透視牌」,然後捨棄剛開始覺得她在說謊的假說,判斷認為「她似乎能透視撲克牌」。像這樣,並非偶然,而是存在某種理由(含意)的情況,就稱為「顯著差異」。「對方在說謊」的假說,被實驗結果完美推翻了,結論變成「對方(似乎)真的能透視撲克牌」。這裡的「似乎」兩個字很重要。

設定顯著水準,才知道能否相信

「是否有顯著差異」的分歧點,一般會設定為「5%」(不見得都得用5%來判斷,有時也可以是1%或10%)。

但顯著差異,在數學上沒有任何根據,只不過是人類約略的判斷,意思也就是「如果是這麼小的機率,應該可以相信吧」。

所以,從哪裡開始算顯著,到哪裡才不是顯著(也就是只是偶然),其實會因人和案例而異,為了不在事後產生爭執,重要的是事前先決定「劃分界線」的規則。

以猜撲克牌的顏色來說,一開始可以先設定好規則,比如「要是出現了10次只會發生1次的狀況(連續3次猜中就是1/8,連續4次就是1/16),那就認同你說的話」。覺得「10次發生1次太過簡單」的人,如果換成50次只發生1次,應該就能同意吧。但這樣一來,10次有1次的狀況和50次有1次的狀況之間,又該如何劃分界線?

這種時候大多會把認為「發生了20次才會有1次的水準＝機率在5%以內的事情時」，就代表有顯著差異。

只不過，就算判定有顯著差異，實際上也可能是錯誤的。所以就算承認事件有顯著差異，也千萬不能斷定絕對正確。

在幼稚園裡發生的奇蹟？

　　某家幼稚園，在運動會項目中加入了障礙跑競賽，學童要在低高度的平衡木上奔跑。跑過此平衡木時，通常2位學童中會有1位跌下來。而這家幼稚園規定「不能為了運動會而特別練習」。

　　運動會開始後，小雞班的6名學生，全都通過了平衡木而沒有摔落。而小雞班以外的學童則跟以往一樣，每2個人有1個摔落。其他班級的家長看到這個狀況，都很生氣的說：「小雞班的學生絕對經過特訓，我們要去跟園長告狀。」這群家長是正確的嗎？他們向園長告狀有理嗎？假設顯著水準為5%。

　　6名學童全過的狀況，就是 $1/2 \times 1/2 \times 1/2 \times 1/2 \times 1/2 \times 1/2 = 1/64 = 0.0156$，所以約1.5%，這比5%還要小，所以可推測「肯定有某種原因（例如做了特訓）而非偶然」。

　　但是這無法構成「學童絕對有特訓」的證據。有顯著差異，只是「用偶然來看，這個事件的發生機率非常低（1.5%）」，也有可能大家都沒練習，真的只是碰巧都通過了。所以就算機率是在顯著水準5%的範圍內，還是別向園長告狀會比較妥當。

第3章

圖表能幫你一眼看出重點

掌握圖表的特徵，就能製作出最適合呈現的圖表。本章將會從分析數據的觀點，透過18世紀英國的威廉・普萊菲（William Playfair，1759年～1823年）發明的長條圖和折線圖，以及南丁格爾（Florence Nightingale，1820年～1910年）從克里米亞戰爭的慘狀，構思出的雞冠花圖來介紹。

1 長條圖，適合用來比較

圖表是用來「比較」的。依照大小、地區、時間序列等順序，只要改變排列方式，就能看出數據所具有的特徵。

所謂的分析數據，好像要知道很多艱澀的理論才行呢。我不喜歡學這些。

這可是天大的誤解。如果目標是當數據科學家的話，可能需要了解。但如果只是分析數據的話，大家平常都在做啊。

說的也是，雖然我會看公司分發的經營數據和銷售數據，但是只看到上面列了一堆數字……。

數字表不太容易看懂，但如果把它畫成圖表，就會很清楚了。圖表化最重要的，就是「比較」。

既然是比較，就需要兩張以上

在圖表中，最常使用的就是「長條圖」。長條圖最主要的特徵

就是用橫條的長度比較大小。相較於角度，人眼對長度更為敏感（請參照第126頁的「3-4」）。所有圖表中，我最推薦的就是「長條圖」。用時間序排列時，時間軸放在橫軸，這是鐵則，這點在折線圖也一樣。

　　下面的圖表❶是世界衛生組織（WHO）的前10大資金來源。金額是「會費」和「捐款」的加總，前者依各國GDP設定，後者則是除會費以外的款項。2020年新冠疫情爆發時，世界衛生組織擁護中國的態度成了話題，中國的「會費」雖是全球第二，卻沒進入前10大資金來源，第二名是比爾及梅琳達・蓋茲基金會。

　　下頁❷和❸的圖表中，左邊的豎條是預算來源，中間的豎條則是流向地區和總部的資金，最右邊的豎條則是每個最終目的使用的資金（根絕小兒麻痺等）（❶～❸的資料來源請參照❸下方的網址）。例如圖❷，把滑鼠移動到蓋茲基金會（左邊）的文字附近，就能一眼看出蓋茲基金會提供的資金流入哪個地區

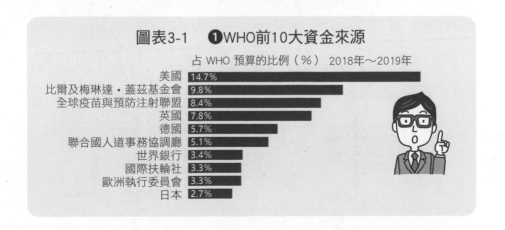

圖表3-1　❶WHO前10大資金來源

占 WHO 預算的比例（%）　2018年～2019年

美國	14.7%
比爾及梅琳達・蓋茲基金會	9.8%
全球疫苗與預防注射聯盟	8.4%
英國	7.8%
德國	5.7%
聯合國人道事務協調廳	5.1%
世界銀行	3.4%
國際扶輪社	3.3%
歐洲執行委員會	3.3%
日本	2.7%

（中央處）、用於何種目的（根絕小兒麻痺等）。

此外，點擊日本的話，會跳到日本單獨的頁面，可看到其他網站不曾出現的圖表。

圖表3-2　❷蓋茲基金會的資金在WHO的運用流向圖

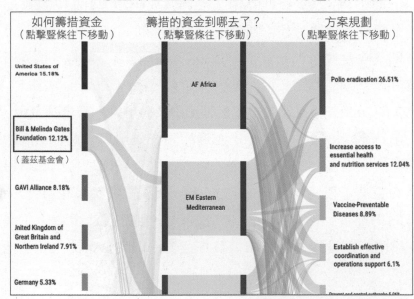

圖表3-3　❸日本、WHO總部、各方案的資金流向

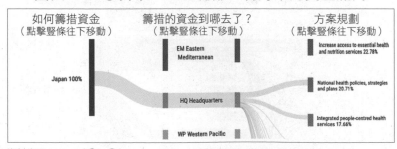

資料來源：WHO（❶～❸），https://open.who.int/2018-19/contributors/contributor。

改變排列方式，就能看出圖表中隱藏的端倪

　　下面的圖表，是人均番茄消費量（年度）的各國統計圖。如果只比較消費量的多寡，就會像這樣依「大小」排列，但只照消費量大小，還是很難看出什麼端倪。如果老闆問你「用這個圖表能看出什麼」，可就傷腦筋了。

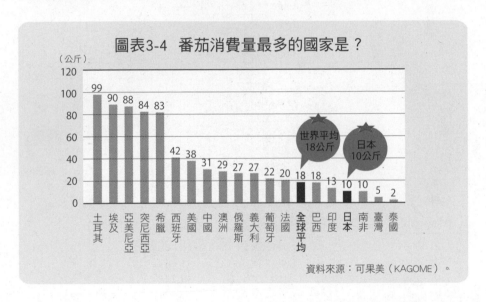

圖表3-4　番茄消費量最多的國家是？

（公斤）

資料來源：可果美（KAGOME）。

　　所以不能只按大小排列，而是依照不同地區、人口多寡等各種不同的角度，來變更排列方式，有時候就能觀察到「原本看不見的內涵」。

　　例如，用「地區」重新檢視第110頁圖表，可看出土耳其、埃及、突尼西亞、希臘、西班牙、義大利、葡萄牙和法國等國，這些「地中海」地區的國家、不論宗教和人種，都會大量消費番茄。

圖表3-5　番茄的產量、耕地面積、每單位收穫量（2018年）

	國名	產量（噸）	耕地面積（公頃）	每公頃產量（公斤）
1	中國	61,523,462	1,035,709	59,402
2	印度	19,377,000	786,000	24,653
3	美國	12,612,139	130,280	96,808
4	土耳其	12,150,000	176,430	68,866
5	埃及	6,624,733	161,702	40,969
6	伊朗	6,577,109	158,991	41,368
7	義大利	5,798,103	97,092	59,717
8	西班牙	4,768,595	56,134	84,959
9	墨西哥	4,559,375	90,323	50,479
10	巴西	4,110,242	57,128	71,940
11	奈及利亞	3,913,993	608,116	6,436
12	俄羅斯	2,899,664	82,366	35,205
13	烏克蘭	2,324,070	73,100	31,793
14	烏茲別克	2,284,217	60,353	37,848
15	摩洛哥	1,409,437	15,955	88,338
16	突尼西亞	1,357,621	24,195	56,111
17	葡萄牙	1,330,482	15,837	84,011
18	阿爾及利亞	1,309,745	22,323	58,673
19	喀麥隆	1,068,495	93,762	11,396
20	印尼	976,790	53,850	18,139
21	智利	951,666	15,168	62,742
22	波蘭	928,826	11,864	78,289
23	荷蘭	910,000	1,788	**508,949**
24	約旦	839,052	12,909	64,996
25	希臘	835,940	16,020	52,181
26	哈薩克	765,453	30,317	25,248
27	羅馬尼亞	742,899	40,734	18,238
28	日本	724,200	11,800	**61,373**
29	法國	712,019	5,742	124,002
30	蘇丹	674,378	50,221	13,428

http://www.fao.org/faostat/en/#data/QC

於是就能探究下一個疑問：「產量也是地中海諸國較多嗎？」（請參照前頁表格）。由這一點來看，會發現地中海地區的產量雖然也很多（第4、第5、第7、第8名），但前三大分別是農業大國中國、印度和美國。

再觀察每公頃的產量，會發現中國是59公噸，而美國則是約97公噸，日本則為61公噸。以美國為首，大多數國家的產量都介於20公噸到80公噸之間，但第23名的荷蘭產量卻超過500公噸，差了1個位數，可說是相當出眾。從耕地面積來看，荷蘭只有日本的1/7，產量卻高於日本。可見日本應該學習的農業祕密就在荷蘭。經過整理後，可分析出以下兩件事情。

❶ 現階段，番茄的消費量由地中海沿岸各國占壓倒性多數。

❷ 每單位面積的收穫量來看，荷蘭多了1個位數。荷蘭的耕地面積比日本少，產量卻比較多，到底採用了什麼樣的農業型態？可見荷蘭的農業應該有值得學習之處（以前我採訪發明TRON作業系統的坂村健時，聊到荷蘭的農業。據他所說，荷蘭的國土只有日本的十分之一，但農產品的外銷超過10兆日圓，僅次於美國、位居第二，且荷蘭的特徵是智慧農業〔IoT〕，而日本的智慧農業在稅制和電力優惠方面，制度上還有改良的空間）。

用「地區別」檢視長條圖後，稍微調查一下就會出現各種材料可供思考，分析時也很開心。向老闆報告這一點，或許就能催生出公司的策略（進軍農業等）。

第109頁的長條圖很單純，但只要變更排列順序，有時就能看出至今沒有看出的重點。

世界第一張長條圖

　　最先想到長條圖、並開始使用的人，是英國的威廉·普萊菲，普萊菲不只製作長條圖，還製作了折線圖、面積圖、時間序列圖和圓餅圖，他持續挑戰「圖表化」，讓數據能以視覺呈現。

　　普萊菲也是一個充滿謎團的人物。他擔任過詹姆士·瓦特（James Watt，工業革命的推手，1736年～1819年）的助手、工程師、會計師、投資經紀人、統計學家、翻譯等各種職位，對各行各業似乎都很精通。1789年攻占巴士底監獄的事件，成為了法國大革命的導火線，令人驚訝的是，普萊菲竟然也參與其中，據說當時他在法國國內散布假鈔，讓法國政府陷入混亂。他到底是何許人也？

　　普萊菲製作各種圖表的目的，據說是為了讓更多人了解統計，但考量上述的狀況，會讓人不由得懷疑，他另有其他目的。

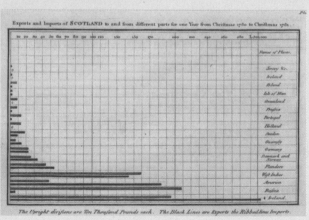

資料來源：《*Playfair's Commercial and Political Atlas and Statistical Breviary*》。

2 直方圖，代表一種連續

數據可分為兩種：連續數據和離散數據（非連續量）。連續量是一種連續變數，會用直方圖呈現，那麼直方圖又是什麼？

雖然我總覺得「現在還是在說明長條圖」……不過，我不太懂長條圖跟直方圖[註]的差異是什麼？

直方圖是統計學和數據分析中常見的圖表，這兩種圖會依使用的數據種類而異。從外觀上看，你知道有什麼不同嗎？

長條圖上，項目和項目之間有空隙；直方圖則是連在一起、沒有間格。

（註）第一個使用直方圖（histogram）的人，是1891年英國的卡爾·皮爾森（Karl Pearson，1857年～1936年）。histogram 的語源還未確定，有人認為是 historical diagram（歷史圖）的意思，但 history 是希臘文「直立的船桅杆」之意，gram 則為「描繪」的意思，可理解為描繪直立柱子的圖表（柱狀圖表）。

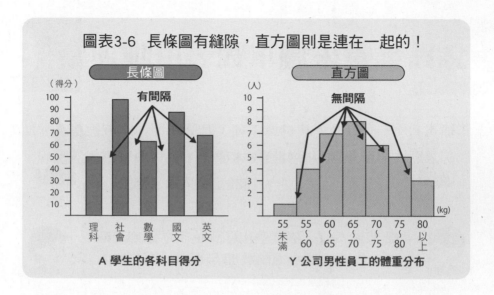

圖表3-6 長條圖有縫隙，直方圖則是連在一起的！

長條圖 A 學生的各科目得分

直方圖 Y 公司男性員工的體重分布

是的。長條圖的項目之間沒有順序關係，不用在意「旁邊是什麼」，所以拿上面的圖表來說，理科旁邊也可以放數學，分數的高低也不用照順序排列，配置可說是相當隨意。

直方圖的部分則是比較體重，所以必須有「順序」。如果數字不連續的話，的確很奇怪。

直方圖可衍生出許多分布圖

直方圖如果數據量太少，就會像上圖一樣，變成有點凹凸的圖表，但還是能知道「數據大致的傾向」。當數據量逐漸變多後，

區分（分組）也會更加細分，所以圖表的凹凸會越來越少，慢慢變成曲線分布。

　　這樣一來，就能清楚看出數據本身的性質和傾向。其中具代表性的就是「常態分布」（亦稱常態分配），圖形像富士山一樣、有左右對稱的山腳，這也是在統計學中最常看見的圖表。

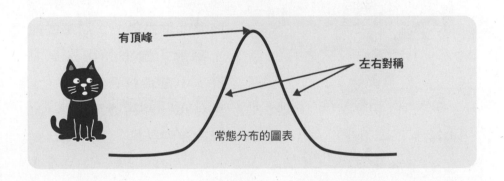

有頂峰　　　　　　　左右對稱

常態分布的圖表

　　下頁圖是兩人以上家庭的「當前儲蓄金額」（日本於每年7月公布），這稱為指數分布，而非常態分布。像是依照各公司營收最好的商品來排列時（ABC分析法），或長尾效應等狀況，就會呈現下頁上圖的分布方式。以往店內不會陳列長尾右側的商品，但到了網路時代，商品不需要實體空間來陳列，所以這項規則已經被重新審視。反之，也有右邊越來越高的圖表（隨時間經過逐漸變大），前幾年的新型冠狀病毒感染人數，就是出現這樣的分布方式。

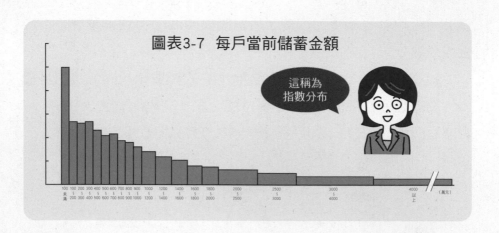

圖表3-7 每戶當前儲蓄金額

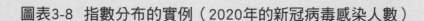

圖表3-8 指數分布的實例(2020年的新冠病毒感染人數)

確診的新冠肺炎病例　　確診數小於總病例數。

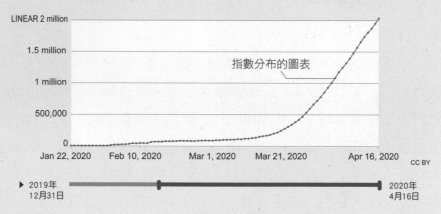

連續數據與離散數據

　　長條圖和直方圖的差異，可說是「連續數據」和「離散數據」的差異。離散數據（非連續量）是指1、2、3、4、5、6……這類「分散的數字」。例如骰子的點數只有1、2、3、4、5、6，公寓大樓有5樓、6樓和7樓，正常來說不會有「5.8樓」。

　　相對的，連續數據是指「中間可無限分割的數字」，如長度、時間和重量。身高170公分和171公分，是用1公分來區隔，所以看起來會像離散數據，但實際上170公分到171公分之間可以無限分割。重量和時間也一樣，可無限分割成非常小的數字。

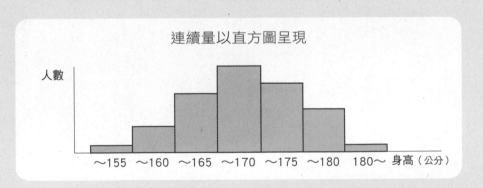

　　如果是連續數據，想看班級的身高和體重分布時，會利用直方圖（histogram）。直方圖的縱軸是次數，橫軸是分組（區分），與長條圖不同的是，直方圖中相鄰的柱子之間沒有間隔。

（接下頁）

到目前為止，說明了圖表的原理和原則，不過任何事情都有例外。例如考試的分數是1分、2分和3分的離散數據，但也能用100當作一個整體量，所以有時會把分數當作連續數據、以直方圖來呈現。金額也一樣，1元、2元是離散數據，但有時當作連續數據、用直方圖呈現會比較好。

原則雖是原則，但必須保持彈性，依案例不同來改變使用的方式。

3 折線圖，觀察時間軸傾向

折線圖的特徵是經常用於觀察「時間上的變化」，其他還有面積圖和雷達圖這類變形圖表。

折線圖（line chart、line graph）的使命，就是讓人們能清楚看出「時間序列上的變化」。前面提到長條圖的目的是「用高度來比較」，所以不會只有一張長條圖就結束，但折線圖大都用來觀察時間軸上的變化，所以大多只會用在一個項目上。

觀察時間序列變化，可以用折線圖

圓餅圖可以顯示比率（占比），但無法呈現時間軸上的變化。相較之下，下頁的折線圖可同時顯示「比率＋時間軸的變化」。具體來說，它顯示了1981年～2017年，日本各科學領域的論文數量在日本國內的占比變化（比率）。

橫軸是年分（時間軸），縱軸是比率（百分比）。與其稱為折線圖，不如說是「堆疊折線圖」，這也可以用面積確認，各領域的成長與衰退狀況會映入眼簾，從中能看出可謂是日本專長的化學、基礎生命科學出現衰退的趨勢，而臨床醫學的論文數量則顯

著增加。

下表將「工學、化學、材料研究領域中，前10%論文的國際占比順位」（2015年～2017年的平均數）再細分成更小的領域，並用日本、中國、美國、英

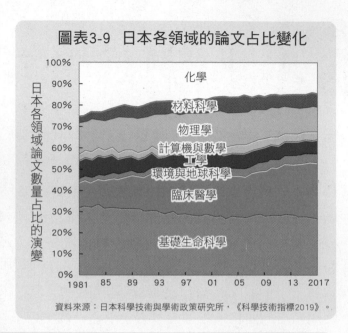

圖表3-9　日本各領域的論文占比變化

資料來源：日本科學技術與學術政策研究所，《科學技術指標2019》。

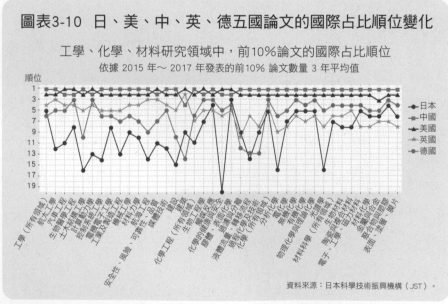

圖表3-10　日、美、中、英、德五國論文的國際占比順位變化

工學、化學、材料研究領域中，前10%論文的國際占比順位
依據 2015 年～ 2017 年發表的前10% 論文數量 3 年平均值

資料來源：日本科學技術振興機構（JST）。

國和德國來比較。

這張圖的橫軸沒有年度變化，但相較於長條圖，折線圖更能明確呈現各領域的強弱，以及詳細感受到日本整體的研究力道。美中是世界雙強，英國和德國則拚命追趕，相較之下日本的凋零則非常明顯。

製作這類圖表的目的，應該是「如實觀察事實，思考該重點加強哪些地方，然後決定強化方針」。這20年來，日本長期維持低迷傾向，為何相較之下，英國和德國還能持續保持地位？這份數據（圖表）可當作一個契機，來做此類檢討。

折線圖的變形──雷達圖

下頁圖表稱為「雷達圖」。雷達圖會針對多個項目，讓人一眼就能看出其大小和平衡度，也稱為「蜘蛛網圖」。嚴格來說，雷達圖不同於折線圖，它不是把折線沿著橫軸排列，而是重新配置成圓形，可當作是折線圖的變形。

下頁圖比較了日本和美國的「論文占比（黑線）」和「前10％占比（有色線）」，可看出日本的論文數量雖多，但可世界通用的論文卻很少；反觀，美國對比論文數量（雖然論文數量也很多），可全球通用的重要論文相對的多。雷達圖大多只會單一使用，不過像這樣兩張排在一起比較，或是將兩個比較項目放在一張雷達圖，就能做更多層次的分析。

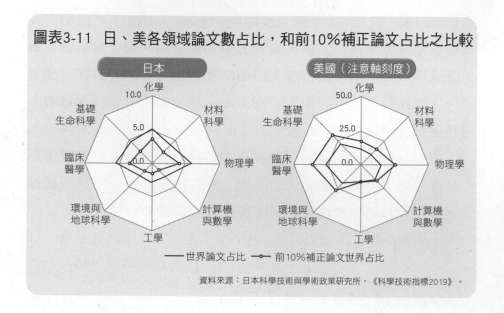

圖表3-11　日、美各領域論文數占比，和前10%補正論文占比之比較

資料來源：日本科學技術與學術政策研究所，《科學技術指標2019》。

也可以重疊起來檢視

如果匯集多張折線圖，看起來會非常吃力。不過，如果是下頁這種折線幾乎不重疊的案例，就能將各種折線重疊起來，一次檢視許多資訊。

從這張圖表可看出，蔬菜的種植面積正在減少。2020年新冠疫情大流行時，我深切體會到如果口罩和醫療防護服都依賴國外供給，在疫情初期就會因為各國的「本國優先主義」導致供給中斷。想到今後可能會有糧食供給中斷的狀況，就讓我十分擔憂日本是否能正常供應1億2,650萬人的糧食。

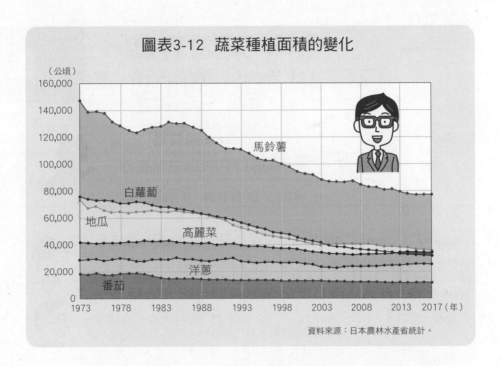

圖表3-12 蔬菜種植面積的變化

（公頃）

馬鈴薯

白蘿蔔

地瓜

高麗菜

洋蔥

番茄

資料來源：日本農林水產省統計。

失業人數增加，自殺數就會增加嗎？

有一個假說認為，「失業人數增加，自殺人數就會增加」。請單獨用折線圖呈現，檢視此假說是否成立。

當思考兩者的關連時，大都會用「相關關係」（第5章）來觀察，但如果單用折線圖，一樣能夠推斷。

在2020年的新冠疫情下，日本因為「緊急事態宣言」導致業主自主停業，使得許多企業的工作量驟減，許多人也因此失去工作。這樣來看，「失業增加→自殺人數增加」的可能性似乎很大。

為了驗證該假說是否正確，這邊比較了1978年～2016年的失業率（左圖）和自殺人數（右圖：人口每1萬人）。

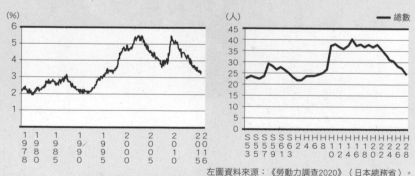

左圖資料來源：《勞動力調查2020》（日本總務省）。
右圖資料來源：《平成30年（2018年）中的自殺狀況》（日本厚生勞動省、警察廳）。

光說兩者的形狀非常「相似」，並沒有說服力，但單純用折線圖比較，就能推斷兩者「似乎有充分的關係」（第6章會

用數據再次檢視）。

只要能推斷出大致內容，事情就完成了九成。要推理的話，用簡單的工具也會比較快，而且視覺印象也比單看數字來得強烈，此時折線圖可說是十分好用的工具。

4 觀察比率，就用圓餅圖

在商業上使用的圖表中，較具代表性的就是圓餅圖，但科學技術領域幾乎不使用。因此我們要先理解圓餅圖的弱點，再使用它會比較好。

在圖表之中，我最愛圓餅圖。因為我最常用，而且又很美觀。

商務人士大都是「圓餅圖派」的呢。不過，妳知道圓餅圖主要呈現的是什麼嗎？

占比，應該說比率嗎？對，就是看比率的大小，換句話說，就是用面積呈現。

是的，將大小轉換成比率，再把比率轉換成角度，然後在視覺上呈現面積的不同。對於客戶來說，圓餅圖很有說服力和吸引力，所以在商務場合常會使用到。

前輩，你的說法好像不太中聽呢，其實不限於商務上，各領域都會廣泛使用圓餅圖，難道不是嗎？

不、不，這是非常大的誤解。我是不用圓餅圖的，如果要比較大小，我會使用長條圖。而且你知道嗎？科學家和研究人員都不用圓餅圖喔。我想妳應該很清楚圓餅圖的優點，那我們接下來就把焦點放在它的問題點吧。

❶ 進位和捨去會產生誤差

　　圓餅圖的第一個問題，就是進位和捨去時產生的誤差。這是因為用整體除以各項目時，得出的比率必須適當的進位、捨去，所以整體的總和可能會大於或小於100％，如果直接描繪成圓餅圖，就會像下方的圖一樣變得很難看（實際上Excel會幫忙調整）。

　　就像下頁表格的總計是「1.01」，所以是101％，也就是多出了1％。這樣的捨去或進位如果是用人工處理，那麼在製作成圓餅圖時，該如何呈現？

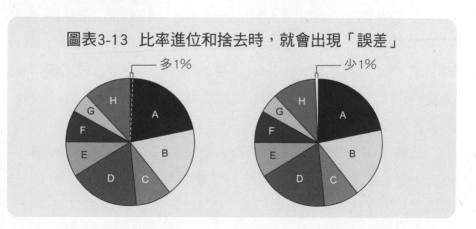

圖表3-13　比率進位和捨去時，就會出現「誤差」

	面積（km²）	比率	數值調整
北海道	83,400	0.22075172	0.22
東北	66,900	0.177077819	0.18
關東	32,400	0.085759661	0.09
中部	66,800	0.176813129	0.18
近畿	33,100	0.087612493	0.09
中國	31,900	0.08443621	0.08
四國	18,800	0.049761779	0.05
九州	44,500	0.117787189	0.12
合計	377,800	1.00000000	1.01

　　基本上，一般會調整最大的數據（占比）。上表中，因為北海道是22%，所以就減1%、變成21%來製作圓餅圖。

　　但若是這種情況，就要在圖表上加註「數值四捨五入到小數第3位，故總計並非100」會比較周到（表中要記載正確的數值）。

❷ 要在圓餅圖上比大小，很困難

　　第二個問題則關係到人類的知覺。人類比較能正確判斷長度的不同，相較之下較不擅長判斷面積的不同，這稱為史蒂文斯的冪定律（Stevens's power law）。百聞不如一見，開頭曾提到「圓餅圖用來顯示比率，然後以面積呈現」，至於實際上的情況如何，就用案例來判斷吧。

　　比較以相同數據製作的「圓餅圖」和「長條圖」。觀察圓餅圖時，會發現雖然區分成5個區塊，卻幾乎看不出差異。必須自己找出最大、第二大、第三大⋯⋯。

　　但如果用長條圖來看相同的數據，可說是一目瞭然。各數據之間的大小差異十分清楚。先前在長條圖的章節（3-1）也提過，人類在感知上，對長度的敏感程度遠大於面積。

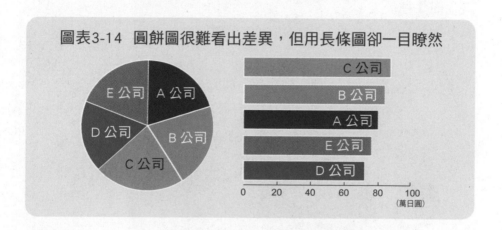

圖表3-14　圓餅圖很難看出差異，但用長條圖卻一目瞭然

❸ 立體（3D）圓餅圖，有效果但不誠實

　　立體（3D）圓餅圖是問題最大的圖形，因為有許多人意識到「大小（面積）可以隨意蒙混」這一點。但立體的圓餅圖因為外觀氣派，在商業上經常使用。

　　立體圓餅圖的特徵，是越靠近自己的部分，面積看起來會比實際的還要大（請參照下頁圖）。例如E公司的占比明明是16%，卻比左邊F公司的占比（20%）看起來還要大。把自家公司的占比放在這個絕佳的位置，就會讓己方的占比看起來比實際更大。雖然視覺上很有效果，卻是不正確且不誠實的圖表用法。

現在已經有很多人知道「立體圓餅圖，特別是橢圓形的，十分不正確」，所以如果刻意這樣製作，或是將自家公司的占比放在最有利的位置（下方），對方可能會覺得「你的公司會在數據上造假」而失信於人。

就是因為這一點，所以科學家和研究員幾乎不使用圓餅圖。

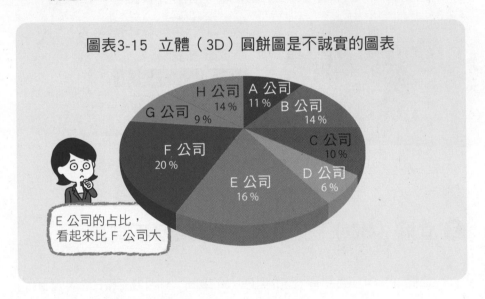

圖表3-15　立體（3D）圓餅圖是不誠實的圖表

H 公司 14%　A 公司 11%　B 公司 14%　G 公司 9%　C 公司 10%　F 公司 20%　E 公司 16%　D 公司 6%

E 公司的占比，看起來比 F 公司大

❹ 慎重處理「未回答」的部分

在調查之後，該怎麼處理「未回答」選項的部分，也會是一個問題。基本上應該要納入，因為假如情況是「贊成40％、反對15％、未回答45％」時，去掉未回答的部分並按比例分配，就會變成「贊成73％、反對27％」，看起來「贊成占大多數」，但結果

可能會因未回答者的動向而逆轉。

我有一位朋友，居住的公寓大樓曾做過一份有趣的問卷調查。那棟大樓的屋齡超過35年，隨著大樓逐漸老舊，管委會一直以來統一投保的「漏水意外險」無法延長合約。

這樣一來，上層的房間如果漏水，各住戶可能要自行賠償損失，所以管委會呼籲大家投保「水漬險」，並做了問卷調查。

❶ 已修繕、已投保，或預定修繕、投保占43％
❷ 尚未完成修繕、投保，或不打算修繕、投保占22％
❸ 皆未定35％

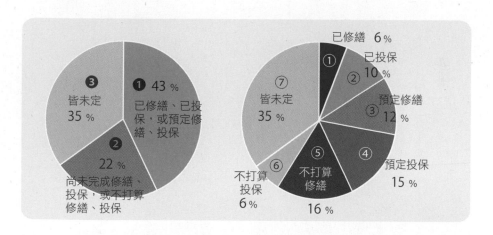

如果覺得「有43％的人已經完成或預定要進行，所以進度相當順利」那可就錯了，問題本身也必須像右邊的圓餅圖一樣，細項區分為①已修繕、②已投保、③預定修繕、④預定投保、⑤不打算修繕、⑥不打算投保、⑦皆未定。

如果不這樣區分，直接用 ❶ 這種混在一起的馬虎問題詢問，也有可能43％裡頭，真正完成的是0％，已預定修繕、投保的占比為43％。

像這種詢問方式，事後完全無法分類和分析。

複選答案的圓餅圖，哪裡怪怪的？

　　西式糕點與日式糕點店「KANKI」實施問卷調查，詢問顧客「喜歡的西式與日式甜點（共10樣）」，得到了40人份的回答（複選）。他們馬上製成下列的圓餅圖，顯示出第一名是草莓奶油蛋糕，第二名是泡芙。

喜歡的西式或日式甜點	回答數	比率
1 草莓奶油蛋糕	36	15.9%
2 泡芙	33	14.5%
3 蒙布朗	27	11.9%
4 年輪蛋糕	24	10.6%
5 月餅	22	9.7%
6 草莓大福	21	9.3%
7 紅豆餡甜甜圈	19	8.4%
8 瑪德蓮蛋糕	16	7.0%
9 磅蛋糕	15	6.6%
10 千層酥	14	6.2%
合計	227	100%

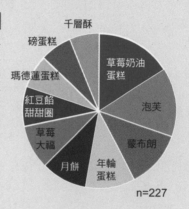

n=227

　　但是對於圖表，有好幾位客人說「這個圓餅圖有點奇怪」。請說出是什麼地方搞錯了。

　　問卷調查設有選項時，可分為只能選1個答案的單選式，還有可選擇多個答案的複選式。上述問卷是「40個人的複選回答」，所以總回答數多達227（n = 227）。

　　如果是單選式，每個人只會回答「最符合」的1個選項。所以如果是50個人，就會得到50個回答（所有人都回答時）。此時的重點是，這50個回答必須是同樣的比重（也就

是1人1票）。

　　但如果是複選式，每個人選擇的數量就不盡相同。

　　可能有人就是喜歡千層派，所以只選1個答案，也可能會有人10個全選。40個人總共選了227個，所以用「人數」去除，就會超過100％。

　　想製成圓餅圖時，必須將全部調整成100％，這時必須用「個數」去除，而非人數。這樣一來，在有人選1個答案、有人選10個答案的狀況下，「1個答案」的比重會全然不同。

　　因此，複選題不能用顯示「比率」的圓餅圖（有一次翻閱日本具代表性的基金會所發行的宣傳雜誌，看到一個地方用圓餅圖呈現複選題的調查，讓我很驚訝。可能因為那篇文章是外部的稿子，所以沒有注意到），這時通常會用長條圖呈現。

喜歡的西式或日式甜點		回答數	比率
1	草莓奶油蛋糕	36	90.0%
2	泡芙	33	82.5%
3	蒙布朗	27	67.5%
4	年輪蛋糕	24	60.0%
5	月餅	22	55.0%
6	草莓大福	21	52.5%
7	紅豆餡甜甜圈	19	47.5%
8	瑪德蓮蛋糕	16	40.0%
9	磅蛋糕	15	37.5%
10	千層酥	14	35.0%
	合計	227	—

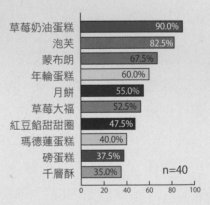

　　第133頁表中的比率，若是用人數去除比率的話，合計會超過100％，所以店家改用回答數去除，再製成圓餅圖。

　　在這種情況下，假設有90％的人選擇喜歡草莓奶油蛋糕，這麼一除就會變成15.9％，這個數值跟實際情況相差甚遠。結果反倒不如前頁表用「人數」來除，然後製成長條圖（不能用圓餅圖）。在這種情況下，直接把件數變成長條圖也無妨，請務必寫上n＝40（n為回答人數）。所以這個問題的答案為「複選題的調查結果，用圓餅圖來呈現是錯誤的」。

5 怎麼畫圖最有說服力？南丁格爾很懂

南丁格爾大幅「變形」後所製作的圓餅圖，很難說是正確的，但可從中感受到她強烈想要傳達的內容。

前輩，你對我喜歡的圓餅圖，批評了不少呢。你是不是討厭圓餅圖？

不，其實我也喜歡圓餅圖喔。我只是想告訴妳，不能搞錯用法而已。趁這個難得的機會，我們稍微回顧一下圓餅圖的歷史吧。

好的，追溯圓餅圖的歷史，或許能發現其他活用圓餅圖的方法。

沒錯。有不少人會試著用圓餅圖「說服」別人，我感覺得到他們想要分析數據的心情。

史上第一張顯示大小的圓餅圖

一般認為，史上第一個圓餅圖是英國的威廉・普萊菲繪製

的，在先前的長條圖章節中也介紹過他。

　　下面的圖表，標題是「波蘭的分割和《呂內維爾條約》^{（註）}後之歐洲主要國家的範圍、人口和收入的顯示圖」。

圖表3-16 普萊菲的圓餅圖，是史上第一張圓餅圖

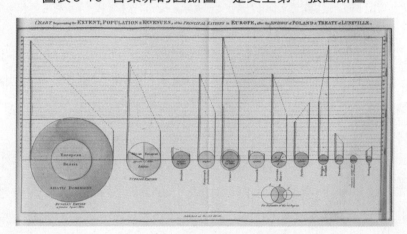

資料來源：《*The Commercial and Political Atlas and Statistical Breviary*》，威廉・
　　　　普萊菲。

　　這張圓餅圖和現在的圓餅圖不同之處在於，不僅是「比率」，連「大小」也用圓餅圖呈現。

　　圓餅圖的比率，顯示了國土的分類（歐洲、亞洲、非洲各地區的占比），大小則代表國土大小。現在還是會用兩個圓餅圖呈現

　　（註）《呂內維爾條約》是 1801 年法國（拿破崙）和奧地利在呂內維爾（法國領地）談和時所締結的條約。當時歐洲各國將法國的擴張視為威脅，所以組成了第二次反法同盟對抗法國，但在馬倫哥戰役敗給了法國，第二次反法同盟也因此而瓦解。

兩者的大小與比率差異，並用來對比，例如「10年前和現在的樣貌」。但比較大小的部分，如今已經被長條圖取代，圓餅圖的重點已經放在呈現比率上。

南丁格爾用圖表刻意突顯戰場的實際樣貌

在圓餅圖章節中，我還想介紹一個人，那就是英國的南丁格爾。1854年的克里米亞戰爭（土耳其對俄羅斯）期間，南丁格爾率領的護士團被派遣到當地的野戰醫院，因為英國和法國當時正援助土耳其。

南丁格爾所見到的野戰醫院是人間煉獄。因為身處不衛生的醫院環境而罹患傳染病死亡的士兵，遠遠多於在戰場中彈後死亡的士兵（戰死、戰傷死亡）。這很類似日俄戰爭時的腳氣病情況（請參照第86頁）。

南丁格爾從小隨家庭教師學習數學，其中最崇拜的人，便是當時統計學界的第一把交椅——阿道夫·凱特勒（Adolphe Quetelet，1796年～1874年），她自己也學習了統計學。南丁格爾的厲害之處在於，她會思考該如何將自己的分析結果淺顯易懂的傳達給大眾，換句話說，她把數據傳達給更多人的能力很優越。

首先，她把數據分類成 ❶ 因中彈死亡（戰死、受傷而死）的人數、❷ 在不衛生的野戰醫院因感染疾病死亡的人數、❸ 其他死亡人數，並向議員闡述希望能改善野戰醫院的惡劣環境。

她認為，如果單用數字呈現，無法打動不擅長數學的國會議

員，於是她構思了「為傳達而用的武器」，也就是下面類似圓餅圖
的圖表。

圖表3-17 南丁格爾繪製的雞冠花圖，隱藏了什麼巧思？

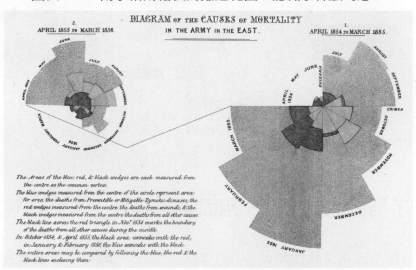

右圖是 1854 年～1855 年 3 月的死亡人數變化，以及死亡原因的明細。靠近中間
的淺色部分是戰鬥中因中彈等受傷而死亡的人數。外側面積較大的部分，則是在
不衛生的醫院設施因傳染病死亡的人數。黑色部分則是其他。

這是俗稱「雞冠花圖」的圖表，被視為圓餅圖的原型之一。
觀察上方右邊的圖表，時間是1854年4月～1855年3月，然後連
接左邊的圖表（1855年4月～1856年3月）。用一個圓餅圖就能
顯示1年12個月，這是很獨特的巧思（每個月占30度，1年剛好
360度）。

我認為此圖表看起來雖然像圓餅圖，但其實只是直方圖的變

形。因為把圖表直接攤開，就會變成如下圖的時間序列直方圖。

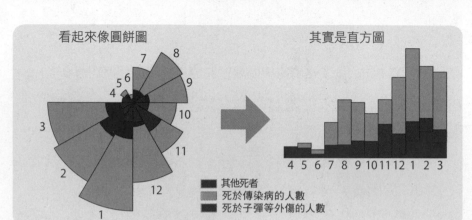

看起來像圓餅圖　　　　　　　　　其實是直方圖

其他死者
死於傳染病的人數
死於子彈等外傷的人數

南丁格爾的策略──用面積「誇大」視覺效果

那麼，南丁格爾為何不用本頁右上的直方圖就好？此處可隱約看出南丁格爾想採取的策略。

因為在南丁格爾自己的圖表中，就算是大小一樣，配置在外側的項目（死於傳染病的人數），面積依舊會大於配置在內側的項目（死於子彈等外傷的人數），所以可以誇大呈現結果。這以圖表來說，面積的對比上似乎不太精準。

實際上正如下頁圖，只要顛倒內側和外側的配置，第一眼看見的衝擊就會變得比較小。南丁格爾或許也清楚這種雞冠花圖的面積會放大，而缺乏正確度吧。可以考量到，她是刻意製作出這樣的圖表。

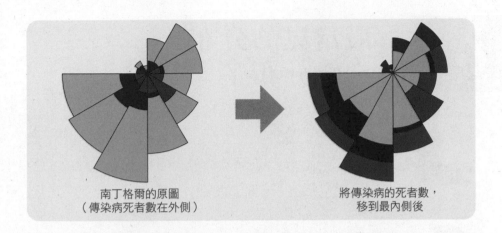

南丁格爾的原圖　　　　　　　　　　　　　　　將傳染病的死者數，
（傳染病死者數在外側）　　　　　　　　　　　移到最內側後

　　她真正目的是什麼？應該是認為「要打動議員，這麼做有非常大的效果」。不單用數字，她還想用變形過的圖表，給予所有國會議員視覺上的衝擊，然後改善醫院的衛生環境。因為她想拯救死得毫無意義的士兵們，所以需要一眼就能明白、「在視覺上有衝擊性的工具」吧。

　　對當時的南丁格爾來說，如果能達成最終目的，就算因為改變圖表的形式而可能遭後人責難，或許也根本不算什麼。因為有強烈的意志想要達成目的，為此該對誰、用哪一種傳達方法和工具最有效。觀察南丁格爾的行動，也能感受到數據分析的目的不是「分析」，達成目的才是最重要的。重新再看一次第139頁的「雞冠花圖」，的確會感受到強烈的衝擊。

6

最常見的分布，
常態分布？

　　常態分布原本是屬於「分布」相關的主題，但也稱得上是直方圖的發展型，所以在這一節中，我們簡單看一下吧。

我們來聊聊常態分布吧。常態分布的意思很簡單，就是「正常的分布」，也就是最常見的分布。

最常見的分布是指什麼分布啊？啊，是身高之類的嗎？

對！對！身高就是常態分布的代表例子。例如，把高中三年級男生的身高製成圖表，最集中的地方應該會落在170公分左右，離170公分越遠、人數應該就會越少。

這樣的話，圖表應該會變成中間最集中，然後左右對稱的「山形」。原來如此，這就叫常態分布啊，出乎意料的簡單呢。

　　測量某縣立高中3年F班、男性學生20人的身高，製成了下頁的圖表。因為是20個人的數據，所以圖表會有凹凸起伏。

接著，觀察同縣三年級高中生的身高圖表（樣本數500人），假設是下方第二張圖表。平均數肯定不會改變，形狀則會接近左右對稱，而且會比上面的圖表更平滑。

170公分

「正中央最高，左右對稱」的分布。

170公分

數據增加後，變得更平滑。

試著進一步增加人數。依據日本文部科學省的《學校保健統計調查》（2017年4月／2018年公布）的數據，利用Excel就能製成下頁的圖表，上面再疊上一層曲線圖。

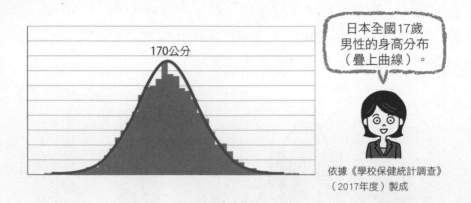

170公分

日本全國17歲男性的身高分布（疊上曲線）。

依據《學校保健統計調查》（2017年度）製成

　　若是再增加數據量，直方圖的柱體寬度小於0.1公釐後，可預料肯定會呈現十分平滑的山形曲線。

用「平均數＋標準差」可描繪出常態分布

　　對了，觀察剛才的《學校保健統計調查》，會看到除了數據外，其實還會寫上兩個數值、「平均數和標準差」當作參考值。把平均數和標準差製成圖表，就能畫出下頁的曲線。這稱為「常態分布」曲線。

　　「平均數和標準差」兩者就是依據《學校保健統計調查》的數據計算出來的值（將數據單純排列，就是上面的直方圖）。

　　所以，只要使用依實際數據算出的平均數和標準差，理當能描繪出順著原本數據走的「平滑圖形」（會以數據為基礎，變成一般化的公式，也就是曲線，所以無法重現各分組的高度）。

逐漸接近平滑的「常態分布」

這兩張水庫蓄水量統計表，其中有什麼古怪？

　　以下兩張表格，顯示了日本利根川水系的蓄水量，這兩份資料中，有兩個地方缺乏「數據的連續性」。希望各位能找出在哪裡？

水庫名	蓄水容量 （萬立方公尺）		蓄水量 （萬立方公尺）	蓄水率 （％）	前一日增減 （萬立方公尺／日）
矢木澤水庫	11,550	(11,550)	11,398.9	98.7	-15.1
奈良俣水庫	8,500	(7,200)	7,162.9	84.3	-56.3
藤原水庫	3,101	(1,469)	1,380.3	44.5	-51.9
相俣水庫	2,000	(1,060)	1,024.4	51.2	-29.5
薗原水庫	1,322	(300)	493.2	37.3	-54.3
八場水庫	9,000	(2,500)	2,904.9	32.3	-116.9
下久保水庫	12,000	(8,500)	8,659.0	72.2	-93.0
草木水庫	5,050	(3,050)	3,145.2	62.3	-119.3
渡良瀨貯水池	2,640	(1,220)	1,336.7	50.6	-116.7
以上總計	55,163	(36,849)	37,505.5	68.0	-653.0
去年同日量			32,967.8	71.4	—
前年同日量			27,602.8	59.8	—

截至2020年6月30日0點

水庫名	蓄水容量 （萬立方公尺）		蓄水量 （萬立方公尺）	蓄水率 （％）	前一日增減 （萬立方公尺／日）
矢木澤水庫	11,550	(11,550)	11,387.2	98.6	-11.7
奈良俣水庫	8,500	(7,200)	7,122.2	98.9	-40.7
藤原水庫	3,101	(1,469)	1,332.2	90.7	-48.1
相俣水庫	2,000	(1,060)	1,006.5	95.0	-17.9
薗原水庫	1,322	(300)	399.2	133.1	-94.0
八場水庫	9,000	(2,500)	2,702.8	108.1	-202.1
下久保水庫	12,000	(8,500)	8,580.7	100.9	-78.3
草木水庫	5,050	(3,050)	3,061.8	100.4	-83.4
渡良瀨貯水池	2,640	(1,220)	1,228.4	100.7	-108.3
以上總計	55,163	(36,849)	36,821.0	99.9	-684.5
去年同日量			33,007.1	96.1	—
前年同日量			27,185.7	79.1	—

截至2020年7月1日0點

　　一下子突然秀出兩份大表格，告訴你表中的數據有些地方沒有連續性，各位肯定會不知所措吧，而且答案還是兩個地方。我們不妨當作在看推理小說、思考一下吧。

　　要找到這兩個地方，就必須「比較」。不只要在一份數據裡頭比較，如果有兩份的話，就要相互比較，這點很重要。因為只能這樣，才看得出答案。

　　前頁的表是2020年6月30日，下表則是2020年7月1日，兩者僅差距1天。蓄水量只差1天，下表的右下是「-684.5（萬立方公尺）」，所以蓄水量比前一天（6月30日）少。「看來6月30日沒有下雨呢，這樣蓄水量應該也會比較低。」當你抱著這個想法來確認時，會發現6月30日的蓄水率是68.0%，7月1日的蓄水率卻大幅增加為99.9%，這實在很不可思議……。

水庫滿水時的蓄水容量
↓

6月30日	以上總計	55,163 （36,849）	37,505.5	68.0	-653.0
7月1日	以上總計	55,163 （36,849）	36,821.0	99.9	-684.5

　　　　　　　　　　　　　　　　↑　　　　　↑
　　　　　　　　　　蓄水量減少，　但蓄水率卻增加

（接下頁）

　　這裡的重點是全水庫滿水時的蓄水容量。6月30日滿水時，蓄水容量是55,163（萬立方公尺），所以：

$$37,505 \div 55,163 = 0.6798，約68.0\%$$

　　但到了7月1日，不知何故卻使用了括號內的蓄水容量36,849（萬立方公尺）當除數，變成了

$$36,821 \div 36,849 = 0.99924，約99.9\%$$

　　其實，利根川水系的蓄水量，滿水會依時期而異，

1月～6月…………非洪水期

7月～9月…………洪水期

10月～12月………非洪水期

　　7月～9月的雨量比較多，如果事先讓水庫滿水，大量降雨時，水庫就無法充分發揮調節的功能，所以才會提前調整、讓水庫有多餘空間。換句話說，6月30日至7月1日是「數據分界線」，原來如此，這就是「不連續」的意思啊。

　　那第二個地方在哪裡？比較前一年和當年的6月30日蓄水量總計。蓄水量多於前一年。但當年的「蓄水率」卻比較少、只有68％，去年則是71.4％。

　　這太奇怪了！就算隔天就調整了「最大蓄水量的規則」，但這次比較的是前一年和當年的6月30日。

　　能想到的原因，只有「整體的蓄水容量增加」。換言之，就是前一年（2019年）和當年（2020年）的數據基礎（全水

水庫滿水時的蓄水容量

6月30日	以上總計	55,163　（36,849）	37,505.5	68.0
	去年同日量		32,967.8	71.4

庫的蓄水容量）不同。只要能找到這點就 OK 了。

　　整體的蓄水容量之所以會增加，是因為八場水庫（群馬縣）在2019年這個時期幾乎沒有運作，但是在2020年已經啟用了。讓人記憶猶新的是，2019年10月第19號颱風襲擊日本關東地區時，還在試營運的八場水庫一口氣累積了7,500萬立方公尺的水量，拯救了關東地區。

第4章

這樣學統計，
天書變故事書

　　數據分析的目的就是協助解決問題，然後化為行動。照這樣看來，說不定會覺得根本不需要統計學的詳細分析。然而，統計學的基礎知識和「以機率來思考」的構思其實是必要的。本章會先暫時把詳細的知識擺一邊（如無偏變異的分母不是n，而是n-1等），請抱著「學會用機率思考」的心情來複習吧。

1 平均數、加權平均數、幾何平均數

單是「平均數」一詞，其實就有很多種類，例如有考慮到權重的加權平均、觀察數年間成長率的幾何平均，以及金融商品也會使用的調和平均等。

這一節要教平均數嗎？平均數連我都會喔。我記得小學的時候學過。

妳太天真了，平均數可是有很多種類的，必須區分開來使用，而且使用平均數的話，甚至還能推測出「統計上算不出來的真正死亡人數」喔。

這是真的嗎？可是平均數真的會有什麼讓人吃驚的地方嗎？

唉呀，為了後續的學習，這裡就先大致掌握一下平均數的弱點和種類吧。

假設現在有4個人在小酒館喝酒喝得很盡興，大概是喝太醉了，他們開始在聊沒有存款、都是貸款……之類的話題，最後竟然開始大聲討論「彼此的存款和股票等金融資產有多少」，聲音大

到連周圍的人都聽得見。4人的金融資產如下所示：

10萬日圓、40萬日圓、150萬日圓、200萬日圓→平均100萬日圓

平均下來剛好是每人100萬日圓。這時，他們拿手機查了一下日本2019年的金融資產持有金額，發現平均是645萬日圓，中位數（後述）是45萬日圓（日本金融廣報中央委員會的《家計的金融行動相關民調》〔單身世代〕，2019年）。平均數和中位數差得還真遠呢。

這時，有位外國人跑來問他們能不能併桌，這位外國人自稱叫「蓋茲」。「蓋茲？這張臉好像在哪裡看過。你有多少資產啊？」聽到4人的問題，蓋茲回答說：「我的資產是965億美元。」（根據富比士的全球富豪榜〔2019〕，第一名是亞馬遜〔Amazon〕的傑夫・貝佐斯〔Jeff Bezos〕、1,310億美元，第二名是比爾・蓋茲〔Bill Gates〕、965億美元，第3名是華倫・巴菲特〔Warren Buffett〕、825億美元。）雖然金融資產和資產不一樣，而且雙方位數也不同，但這邊就當作是一樣的吧。用1美元約為110日圓換算，大概是10兆6,150億日圓！

10萬日圓、40萬日圓、150萬日圓、200萬日圓、10兆6,150億日圓

重新用5個人的數據取平均的話，就會是2兆1,230億日圓……。

正如上述，平均數的弱點，就是當有一個大得異常的「離群值」加入時，整體的平均數就會被離群值大幅拉高（此處計算的是單純平均）。

加權平均，就是不平均的平均

不過，平均會依狀況，而有各種平均數，「加權平均」也是其中一種。假設A公司有10人，B公司有5人，C公司有8人出席了派對，A公司的人各拿1萬日圓，B公司的人各拿5萬日圓，C公司的人各拿3萬日圓的紅包參加，此時每人平均會是多少？

這時如果用：

「平均＝（1萬日圓＋5萬日圓＋3萬日圓）÷3＝3萬日圓」

來計算的話，可就錯了。

因為要用總額÷總人數，所以是：

總額＝（10×1萬日圓）＋（5×5萬日圓）＋（8×3萬日圓）

＝59萬日圓

總人數＝10人＋5人＋8人＝23人

因此，總平均是59萬日圓÷23人＝2.565⋯⋯（萬日圓）

這就是加權平均。換句話說，A、B、C三間公司的人數分別為 a、b、c，各公司的禮金則為 x、y、z，且 $a+b+c=n$ 則可列出：

$$加權平均＝\frac{ax+by+cz}{n}$$

亞馬遜網站的顧客評論，有時也會使用加權平均，例如會考量評論者「是否有在亞馬遜網站購物、評論行數的多寡、獲得多少讚」等，來決定評論的平均分數（這邊的動詞是用「決定」，但亞馬遜是靠人工智慧來決定，所以我們不知道實際加權的數值和有多少變數〔項目〕。亞馬遜只說過不是用單純平均）。

幾何平均，用來算成長率

如果要看數年間的成長平均，就會使用幾何平均。

10億日圓→18億日圓→19.8億日圓→21.8億日圓

例如，A公司的營收如上述增長時，「3年的平均成長率」該如何計算出平均數呢？如果計算各年的成長率，

（18－10）÷10＝8÷10＝0.8 → 80%的成長率

（19.8－18）÷18＝1.8÷18＝0.1　→　10％的成長率

（21.8－19.8）÷19.8＝2÷19.8≒0.1　→　10％的成長率

用「單純平均」求這3年的平均成長率，就會變成：

（80％＋10％＋10％）÷3＝33.3％。

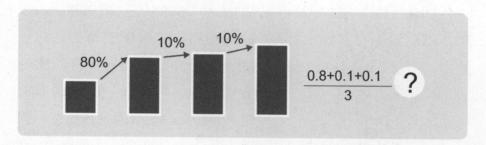

這個數值是否正確？我們來確認看看吧。每年如果成長 33.3％，3年後就是 $1.333 \times 1.333 \times 1.333$，所以是：

10億日圓 $\times 1.333^3$ ＝ 23.6859億日圓

這樣數字隨便就超過21.8億日圓。因為各年度必須乘上營收比率，像這樣的情況，就不能用普通的單純平均，而會用「幾何平均」。

用幾何平均取3年的平均數（幾何平均數），計算方式如下：

$$\sqrt[3]{1.8 \times 1.1 \times 1.1} = \sqrt[3]{2.178} = 1.296 \text{(註)}$$

我們把1.296乘 3 次確認看看，就會變成：

（註）以公式來說，用 n 年計算各年的成長率 P_1、P_2、P_3……P_n 時，會利用以下的公式：$\sqrt[n]{P_1 \times P_2 \times P_3 \times \ldots \ldots \times P_n}$

10億日圓×（1.296）³＝21億7,678萬日圓≒21.8億日圓

如此可確認是正確的。

在這種情況下，就算不知道中間的年營收也沒關係。換句話說，用「最初是10億日圓，平均成長率是 x，3年後變成21.8億日圓」來看，就能求出答案是：

$10 \times x^3 = 21.8$，所以， $x = \sqrt[3]{\dfrac{21.8}{10}} = 1.2966\cdots\cdots$

就算不知道中間的成長率，只要知道最初和最後的成長率，就能省略中間的數字。

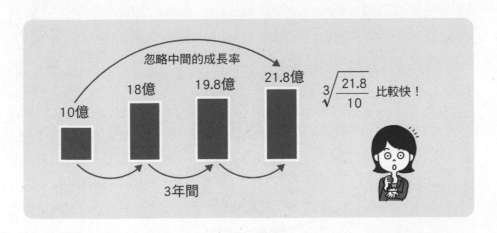

調和平均，用來算速度

還有另一種平均數稱為「調和平均」。例如詢問「從A市到B

市，去程時開車的時速是60公里，回程時因為塞車、時速是40公里，求平均時速為多少公里」，此時就可使用調和平均。如果是用單純平均來計算：

（60＋40）÷2＝50km

但平均時速真的是50公里嗎？

假如A市和B市的距離是120km，去程為120÷60＝2小時，回程為120÷40＝3小時，平均時速為「總距離÷總時間」，所以

（120＋120）km÷（2＋3）小時＝240÷5＝48km／小時

所以不是50公里，在這種情況下，不能使用單純平均。

那麼，該怎麼樣才能算出平均速度？首先你可能會想，該如何才能知道距離，但令人意外的是，在這個案例中，距離不管是幾公里，都不會有所影響，試著計算一下就會知道。

假設A市和B市的距離是 x，

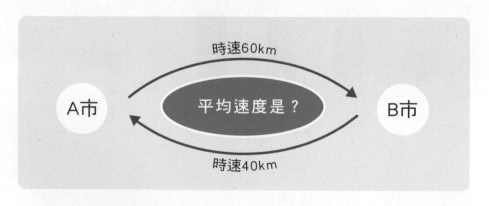

行駛距離＝ $2x$，所需時間＝ $\dfrac{x}{60}+\dfrac{x}{40}$

此處往返的平均速度＝總距離（往返）÷總時間（往返），

$$2x \div (\frac{x}{60} + \frac{x}{40}) = \frac{2x}{\frac{x}{60} + \frac{x}{40}} = \frac{2x}{\frac{5x}{120}} = \frac{2 \times 120}{5} = 48$$

所以 x 在過程中會約分掉[註]。

（註）假設平均速度去程為 v_1，回程為 v_2，平均速度＝ $\frac{2v_1 v_2}{v_1 + v_2}$ 。

2 生活中常用的平均數

一個沒人知道、也未發表的真相，有時候只要巧妙的利用平均數，就能推測出來。它只是平均數，卻不只是平均數。

上一節提到，在推測「沒人知道的真實死亡人數」時，其實也是使用平均數喔。

喔？用平均數可以推測死亡人數嗎？看來平均數也是優秀的數據分析工具呢。

對，大家可能會以為要有非常高深的概念，或是使用非常難懂又複雜的算式，才能分析資料，但有些時候，平均數其實就很夠用了。

　　2020年新冠肺炎席捲全球。起初日本的PCR檢測數量遠低於其他國家，因此無法掌握實際的確診人數。此外，各國確診人數的計算也不統一，單純比較各國發表的數字，可說是無法得知實際樣貌。

何謂「超額死亡數」？竟能看出新冠疫情的影響

如果無法比較感染者人數，那麼把目光放在「死亡者」，是否就能比較實際狀況了……然而，又不可能為所有的死亡者做PCR檢測。

此時，有一種方法是利用平均來推測，受到了眾人矚目，那就是「超額死亡數」。

一直以來，這個方法主要用來推測流行性感冒的死亡人數，透過「相較於往年（平均），觀察死者人數是否異常增加」，藉此推測出實際數字。

下方的折線圖，是東京都2020年1月至4月因肺炎死亡的死者人數比較。可觀察到過去在1月和2月後都會持續減少，但2020年3月卻大幅增加。

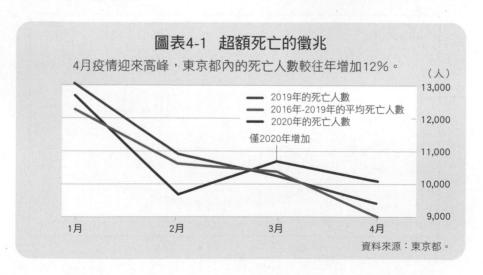

圖表4-1　超額死亡的徵兆

4月疫情迎來高峰，東京都內的死亡人數較往年增加12%。

資料來源：東京都。

　　下方圖（A）是歐洲2016年～2020年的死亡人數與平均死亡人數的變化，下圖（B）則是把同一份數據疊在每個月分上。

　　往年流行性感冒的超額死亡會占一大半，但 2020 年卻能顯著看見與新冠病毒有關的超額死亡急速增加（或是兩邊皆急速增加）。

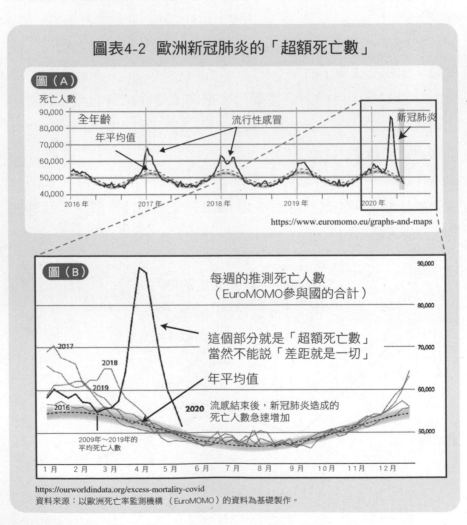

圖表4-2　歐洲新冠肺炎的「超額死亡數」

https://ourworldindata.org/excess-mortality-covid
資料來源：以歐洲死亡率監測機構（EuroMOMO）的資料為基礎製作。

就像這樣，「平均」對我們來說，是非常貼近生活且單純的工具，但依照利用方式的不同，也能成為有用的分析工具，能讓你發現「不為人知的真相」。

同往年水準，是指一定範圍

生活中會用到平均的，就是氣象預報吧。像是「櫻花今年比往年早3天開花」、「沖繩的梅雨季節比往年早2天」或「相較於往年同一時期，炎熱夜晚的天數⋯⋯」等，這裡提到許多「往年」。平均數的取法一般是用單純平均，唯獨日別年度氣候平均數會用9日移動平均來處理。

「同往年水準」一詞，是指在過去30年的溫度、降雨量、日照時間的平均數加上「範圍」，也就是「平均數±標準差」（標準差會在本章後述）。

氣象領域的往年平均數，在日本稱為「平年值」，目前是以1981年～2010年為止的平均（於2010年統計）為基礎所製作的，並自2011年5月18日開始使用。看下頁圖表也能知道氣溫呈現逐年上升。

下一個新平年值（1991年～2020年）會從2021年開始使用，可預想平年值的氣溫會上升，所以「往年水準」一詞的出現頻率，大概會比過去多一些吧。

圖表4-3　季節平均氣溫的往年水準範圍（距平值，單位：℃）

地區	冬（12月〜2月）	春（3月〜5月）	夏（6月〜8月）	秋（9月〜11月）
北日本	-0.3〜+0.4	-0.2〜+0.4	-0.4〜+0.3	-0.2〜+0.4
東日本	-0.1〜+0.4	-0.1〜+0.3	-0.1〜+0.3	-0.4〜+0.5
西日本	-0.1〜+0.5	-0.2〜+0.2	-0.2〜+0.3	-0.3〜+0.6
沖繩與奄美	-0.1〜+0.2	-0.2〜+0.2	-0.1〜+0.1	-0.3〜+0.2

（按：距平值是平均溫度相對於溫度氣候值的差值。）

圖表4-4　與年平均氣溫的現行平年值（1981年〜2010年）差異

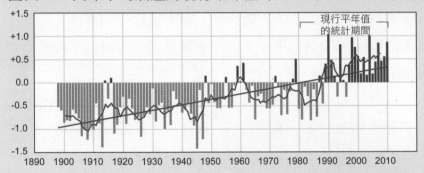

資料來源：日本氣象廳。

3 中位數，比平均數更接近真實

平均數容易受到離群值的影響，而中位數則不會被離群值撼動。本節會介紹三種數值：平均數、中位數和眾數。

「數據的代表數」有平均數、中位數和眾數，竟然多達三種，這很奇怪。既然是代表數，應該只要一個就夠啊。

的確，當數據呈現常態分布時，平均數＝中位數＝眾數；但除此之外的情況，中位數大多數時候會比平均數，更適合當作代表數。

那麼，能麻煩前輩解說一下，你推薦的「中位數」是什麼嗎？

中位數這個代表數，即便出現極端數值（離群值），也不太會受影響，這點不同於平均數。我們再用小酒館的例子（請參照第152頁），來比較平均數和中位數。剛開始的時候4個人是：

10萬日圓、40萬日圓、150萬日圓、200萬日圓

所以平均數是100萬日圓。「中位數」則是數據由小到大排列

後，位在最中間的數值。在上面的例子中，數據有偶數個，所以沒有「正中間」的數據。在這種情況下，要用最靠近中間的兩個數字（40萬日圓、150萬日圓）取平均、來當作中位數。所以中位數是95萬日圓。

平均數＝100萬日圓，中位數＝95萬日圓。

在這個階段，平均數和中位數幾乎沒有差距。

接著，比爾・蓋茲出現在小酒館後，平均數出現大幅變動，從100萬日圓變成了2兆1,230億日圓。

10萬日圓、40萬日圓、150萬日圓、200萬日圓、10兆6,150億日圓

中位數就是「正中間」的150萬日圓。

平均數＝2兆1,230億日圓，中位數＝150萬日圓

平均數會因為比爾・蓋茲一個大富豪出現，而有大幅的變動，但中位數卻不太受影響。因此大家才會說「中位數是最穩健的代表數」、「具穩健性」。

平均數、中位數和眾數，用來分析現象

第三個代表數是「眾數」，意指出現最多次的數據。

下頁圖是日本總務省每年都會發表的「每戶當前儲蓄金額」（兩人以上的家庭）。這張圖表的平均數是1,752萬日圓，中位數是1,036萬日圓，沒有寫出眾數，不過從圖表來看，眾數可視為「100萬日圓以下」。

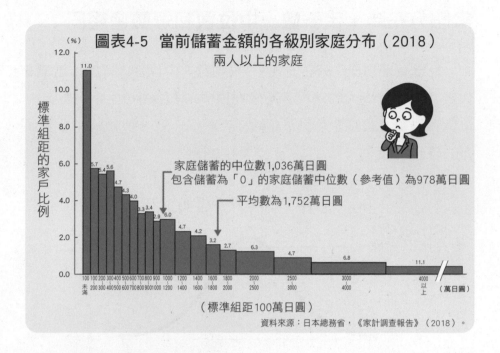

圖表4-5　當前儲蓄金額的各級別家庭分布（2018）
兩人以上的家庭

（標準組距100萬日圓）

資料來源：日本總務省，《家計調查報告》（2018）。

　　這樣一來，同樣是代表數，這三者卻有很大的差距。就跟比爾・蓋茲出現在小酒館一樣，這裡的平均數之所以會增加到1,752萬日圓，是因為儲蓄有4,000萬日圓以上的人，拉高了平均。

　　相較之下，中位數比較穩健，所以1,036萬日圓跟預期的沒有差太多。此處的眾數是100萬日圓以下，可看出其實有很多人過得並不寬裕。

　　正如上述，許多人在觀察數據時，只會看平均數，但如果觀察中位數和眾數，就能用不同於平均數的角度，掌握數據的實際樣貌和生活狀況等，這點可說是有這3個代表數的好處。

常態分布時，代表數、中位數和眾數會相同

照前頁圖那樣的分布方式，「平均數、中位數、眾數」這3個代表數，會有很大的差異。不過在原本的數據中，「平均數、中位數和眾數」有時會（很罕見的？）剛好一致，那就是在常態分布的時候。

平均數、中位數和眾數相同。

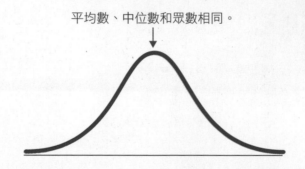

但如果是非常態分布的情況，例如第167頁「當前儲蓄金額」的案例（一般會說向右延伸）中，順序會是：

眾數＜中位數＜平均數

所以平均數會是最大的數值。平均數會被較大的數值（4,000萬日圓以上的富裕階級）往右拉，次頁上圖就是略圖。

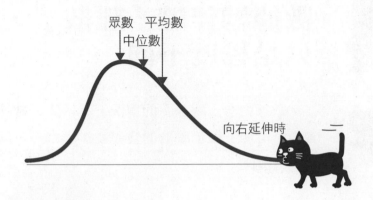

下一種模式是「向左延伸」的分布，平均數被往左拉低，成為最小的數值。在這種時候，順序會變成：

平均數＜中位數＜眾數

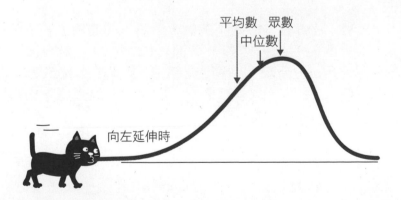

像這樣，只要知道3個（或2個）代表數的數值，就能大概推測出數據是如何分布的。

4 數據總伴隨「離散」，只是程度不同

數據會有「離散」的情況，所以除了數據的代表數，再加上顯示離散的變異數與標準差，就更容易分析數據。

分析數據前，還有一個工具想讓妳先知道，那就是顯示資料的「離散」程度的數據。

咦，又有工具要記嗎？不過，「離散」是什麼意思啊？

嗯，光靠代表數是不夠的。看看下面的例子，應該馬上就能明白。例如，下面（1）～（3）組數據（單位是m，公尺），平均數都是3公尺，中位數也一樣都是3公尺。只有眾數有一些不同。但光看平均數的話，3組都一樣。

（1）	1	2	2	3	3	3	3	4	4	5	（平均數3m）
（2）	1	1	1	1	2	4	5	5	5	5	（平均數3m）
（3）	1	1	2	2	3	3	4	4	5	5	（平均數3m）

對耶，可是好奇怪喔，我來畫成圖表看看。哇，分布完全不一樣。這樣就不能只靠平均數來分析了。

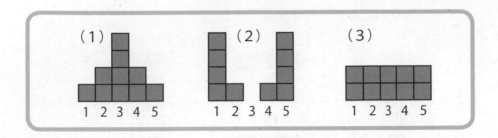

 要說這3組有什麼不同，那就是數據的離散程度不同吧。所以在數據資料加上離散程度後，就能預測數據的分布。

從平均數算出標準差

觀察上述（1）～（3）的分布狀況，用「各組數據離平均數有多遠」，似乎就能判斷離散程度。我們立刻取（平均數－各數據），然後求加總，會發現3組都是「0」。用組合（1）來試試：

$$（1-3）＋（2-3）×2＋（3-3）×4＋（4-3）×2＋（5-3）$$
$$＝-2＋（-2）＋0＋2＋2＝0$$

稍微思考一下，平均數是指「用各數據的總額除以數據量」，所以各數據減去平均數的差，加總起來後當然會全部互抵、變成「0」。

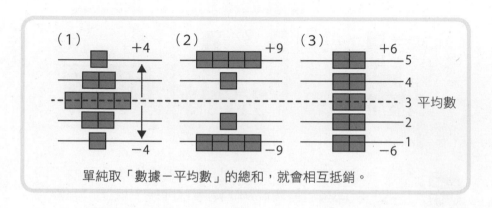

單純取「數據－平均數」的總和，就會相互抵銷。

所以要先取得差後，再各自取平方。然後用數據量去除，

（1）是1.2m²、（2）是3.4m²、（3）是2m²

這樣就能顯示離散程度，這稱為「變異數」。

但剛開始的單位是m（公尺），變異數是取平方、變成面積的單位m²。所以把變異數的平方根拿掉，變回原本單位（m）的數值，則稱為「標準差」。

這裡所指的標準差，可以想成是「各數據與平均數之間的平均距離」。

代表數與離散程度的兩種組合 ——
平均數與標準差

這邊可以了解一個事實，就是顯示離散程度的「標準差」，是由平均數求出的。所以標準差可當作「與平均數之間的距離」，兩者會成對使用。

「平均數和標準差」啊，這兩個是一對。那麼前輩，如果想用中位數時，該怎麼辦？

嗯，在非常態分布的情況下，就會輪到中位數出馬了。中位數的離散範圍會在1/4～3/4之間，所以會適用「四分位距」。

	組合1	組合2
使用的代表數	平均數	中位數
使用的離散	標準差	四分位距
使用的分布圖	常態分布	盒鬚圖

啊，這就是那兩種組合。常態分布、盒鬚圖，感覺很有趣呢。

5 常態分布規則——「68 – 95 – 99.7 法則」

 常態分布之所以好用，是因為不管哪一種常態分布，都只有一種規則，那就是68%、95%、99.7%法則。

 那麼這一節，我們來談談常態分布的重點，到了之後的第7節，我們再來學盒鬚圖的畫法吧。

 首先學常態分布啊。前面曾經教過，常態分布的形狀會像富士山的山形一樣、左右均等。

 對，這種形狀可以用「68、95、99.7法則」。因為日常生活不會這樣說，所以就算告訴別人，一般人可能也無法理解吧。

數據越向平均數集中，山形越陡

常態分布因為關係到平均數和標準差，所以這邊先簡單敘述一下。

首先縱軸顯示「數據量」（這邊寫數據量，但正確來說是「機

率」。因為在這裡細節較不重要，所以就以「數據量」稱呼，原本
應為「出現機率」），橫軸顯示與平均數之間的離散（也就是指標
準差）。

由於平均數在正中央（等同於中位數和眾數），離平均數越遠
的話，數據量也會持續減少變成山形（也可說是鐘形），順著描繪
便可畫出平滑的曲線。

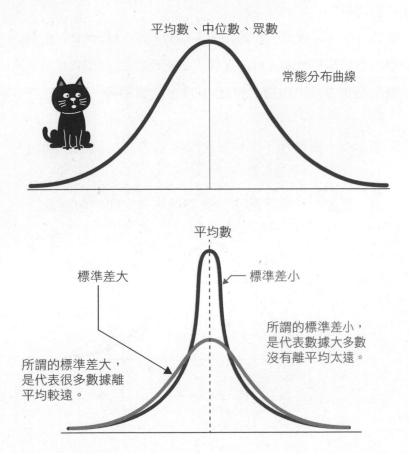

平均數、中位數、眾數

常態分布曲線

平均數

標準差大

標準差小

所謂的標準差小，
是代表數據大多數
沒有離平均太遠。

所謂的標準差大，
是代表很多數據離
平均較遠。

如果顯示離散程度的標準差越大，常態分布所描繪出的，就是平滑的山形；反之，離散程度（標準差）越小，數據就會集中在平均數附近。

換句話說，數據會呈現前頁圖表的分布。所以常態分布的形狀有無數種，並非只有一種。

此處有一個重要的法則。常態分布不管是什麼形狀，都會呈現以下的比例：

●約有68％的數據，會落在與平均數距離±1標準差的範圍內。

●約有95％的數據，會落在與平均數距離±2標準差的範圍內。

●約有99.7％的數據，會落在與平均數距離±3標準差的範圍內。

常態分布、標準差、平均數之間，常會看見這樣的關係。

圖表4-6　可了解平均數到標準差之間的數據量

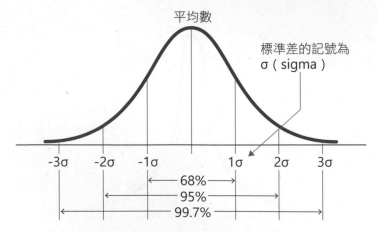

非常態分布時，就用「75%法則」

前面提到，常態分布有一個方便的法則，就是「68–95–99.7 法則」，也就是約有68％的數據會落在與平均數距離±1標準差的範圍內，約有95％的數據會落在±2的範圍內……（以下略）。但很遺憾，這個規則只適用於常態分布。

那麼，非常態分布的時候，該怎麼辦？其實有一個定律，不管是哪一種分布都能使用，那就是「柴比雪夫不等式」。

根據柴比雪夫不等式，就算不是常態分布，也會有75％以上的數據集中在「平均數±2σ」的範圍內。因為是「75％以上」，所以實際上到底是80％還是90％，沒有人知道，但保證大約會有3/4以上的數據，落在這個範圍內。

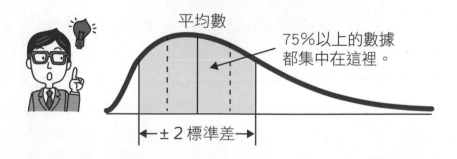

平均數

75%以上的數據都集中在這裡。

←±2標準差→

6

收視率調查，
這樣抽樣才會準

為什麼明明只用少量的樣本，還能分析節目的
「收視率」？我們來看看該如何思考這當中的誤差。

電視上常看到的「收視率」一詞，正是巧妙活用了常態分布。接著就來挑戰從電視收視率求出誤差的方法吧。

Video Research公司是日本調查電視收視率的業者之一，他們從2016年10月開始，將關東地區的調查家戶數從600戶變更為900戶，接著在2020年3月30日起，又進一步由900戶大幅增加至2,700戶。

此外，既有的每戶收視率比較容易反應出高年齡層的喜好，這和廣告主追求的目標對象之間有所背離。為了彌補這一點，該公司使用「個人收視記錄器」（People Meter＝PM）調查個人的收視狀況（1997年從關東地區開始，截至2020年4月，調查區域為關東、名古屋、關西、北部九州共4個區域）。

在這裡，我們試著思考過去的「每戶收視率」。

根據日本總務省的《日本的統計2020》，關東地區的總家戶數為1,885萬戶（2015年的數值）。收視率差1%，就會差了18萬

8,500戶，假設每戶有兩個人收看，那大約會有將近38萬人受影響。所以能理解提供廣告的公司，為何會對1%的收視率感到一喜一憂。

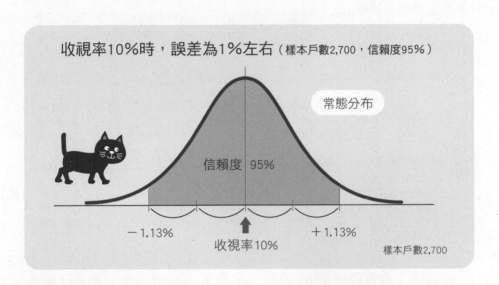

收視率10%時，誤差為1%左右（樣本戶數2,700，信賴度95%）

常態分布

信賴度 95%

－1.13%　　　　　　＋1.13%

收視率10%

樣本戶數2,700

收視率如此重要，但是就算調查家戶數增加到600戶、900戶甚至是2,700戶，用這個量來推導出1,885萬戶的收視率，誤差難道不會很大嗎？

這就是常態分布的優點。如上圖，假設收視率調查出現10%，這當然會有誤差。但用2,700戶、95%的信賴度來看，可判斷誤差只有「±1%左右」（即圖中的1.13%），大約會落在9%～11%的範圍內。

那麼是如何計算出這個誤差的？簡單來說，就是對2,700戶進行抽樣調查（抽樣收視率），以代表關東地區所有家戶1,885萬戶

圖表4-7　收視率調查的常態分布

	A	B	C	D	E	F	G
1	■ 收視率計算						
2	2,700 戶的狀況		收視率	區間估計			誤差範圍
3	n＝	2700					
4	p＝	0.1	10%	8.87	～	11.13	±1.13%
5	p＝	0.15	15%	13.65	～	16.35	±1.35%
6	p＝	0.2	20%	18.49	～	21.51	±1.51%
7							
8	900 戶的狀況		收視率	區間估計			誤差範圍
9	n＝	900					
10	p＝	0.1	10%	8.04	～	11.96	±1.96%
11	p＝	0.15	15%	12.67	～	17.33	±2.33%
12	p＝	0.2	20%	17.39	～	22.61	±2.61%
13							
14	600 戶的狀況		收視率	區間估計			誤差範圍
15	n＝	600					
16	p＝	0.1	10%	7.60	～	12.40	±2.40%
17	p＝	0.15	15%	12.14	～	17.86	±2.86%
18	p＝	0.2	20%	16.80	～	23.20	±3.20%

的收視率（真實收視率）。當然，抽樣收視率與真實收視率之間會有差異，要求出該誤差時，會使用以下的算式：

$$誤　差 \leqq \pm 2 \times \sqrt{\frac{抽樣收視率（1－抽樣收視率）}{抽樣家戶數}} \quad ……①$$

　　為何會用這個算式(右頁註)？這就必須聊到推論統計學的「區間估計」，這邊只要先知道，「誤差是用這個算式計算的」就好。

　　本頁的Excel表，是用前述的算式（但2的部分是用1.96去乘）（本文的算式中「2 ×……」的部分，若信賴度為95%，本來應該為「1.96 ×……」，但此處取概數處理）計算出來的，過去

用600戶調查時，出現收視率10％時，理當會有±2.40％的誤差（範圍是7.60％～12.40％）。增加到2,700戶後，誤差範圍縮小到1.13％。

要縮小收視率的誤差，其實不容易

如果想進一步將目前的誤差再縮小一半時，光是把樣本戶數從2,700戶增加到5,400戶（兩倍）還是不夠。算式中有開根號，所以如果想讓誤差縮小一半，2,700戶就必須增加4倍、達到1萬800戶，而不是只有2倍。

（註）正確來說，算式①的 $\sqrt{}$ 內是下方算式②的簡略版。不過算式②左側的分數相較於母體數（1,885萬戶），抽樣家戶數（2,700戶）實在太小，所以幾乎是「1」。因此會省略，大多會用本文刊載的算式①呈現。

$$\sqrt{\frac{母體數-抽樣家戶數}{母體數-1} \times \frac{抽樣收視率（1-抽樣收視率）}{抽樣家戶數}} \quad\cdots\cdots②$$

在信賴度為95%時，如果想把調查誤差縮小到±1%內，會需要多少問卷回答人數？

　　某間公司決定對顧客做問卷調查，希望將問題的選項誤差控制在±1%內。假設有25%的人選了某個選項，會需要多少回答人數，才能將誤差控制在±1%？

　　這裡可活用第180頁的算式①，但是「±」很麻煩，所以先計算＋的部分。算式①的誤差是0.01（因為是1%），並將抽樣收視率和抽樣家戶數，分別替換成選擇率和樣本數。

$$0.01 = 2 \times \sqrt{\frac{選擇率\,（1-選擇率）}{樣本數}} = 2 \times \sqrt{\frac{0.25 \times （1-0.25）}{樣本數}}$$

　　誤差 1%　　　　　　　　　　　要求的值

　　將兩邊開平方、拿掉平方根。左邊會變成$（0.01）^2 = 0.0001$。

$$\frac{1}{10000} = 4 \times \frac{0.25 \times (1-0.25)}{樣本數} \quad \cdots\cdots ①$$

　　因為要求的是「樣本數」，所以往左項移動，1/10000則往右項移動。

$$樣本數 = 4 \times \frac{1}{4} \times （1-0.25） \times 10000 = 7500 （人） \cdots\cdots②$$

　　如果±3左右即可，那就會變成（0.03）^{2}＝0.0009，算式②會變成10000/9，所以7500÷9≒800人左右即可，約1/10。

　　我可以理解想縮小誤差的心情，但還是應該先思考資金、所費工夫和需要正確到什麼程度，再來決定。

7 盒鬚圖與四分位數

平均數與標準差，必須是在常態分布的狀況下才能使用。但如果是用「中位數與四分位距」所製作的盒鬚圖，在任何分布種類都能使用。

前面提到了「平均數、標準差、常態分布」，這次請告訴我「中位數、四分位距、盒鬚圖」的製作方法和檢視方式。

對，因為不是所有的數據都會呈現常態分布。在非常態分布的案例中，或者是不知道是什麼分布時，盒鬚圖就會很有效。

找出中位數，就是下圖這種感覺，對吧。可是每次都要這樣畫圖，也很麻煩。

1 3 5 6 7 8 9 11 13 15 16

最小值　　　　　　中位數　　　　　　最大值

「盒鬚圖」^{（註）}就是用來簡化前一頁那張圖的。盒鬚圖分為橫式和直式。我們用直式的盒鬚圖來解釋（下頁左圖），正中央有一個長方形的「盒子」，盒子的上、下方各延伸出一條線，然後最前端有一條橫線擋住。這些線就是「鬍鬚」的部分。

的確，看起來上面的鬍鬚是最大值，下面則是最小值吧。橫式的話，右邊的是最大值，左邊則是最小值，對嗎？

對，沒錯。最中間的50％的資料會落在盒子裡頭。用直式來說，盒子的下半部是第1四分位數（按：指數據由小到大排列後，第25％的數字，以下以此類推），正中央的線是中位數（相當於「第2四分位數」），盒子上方則是第3四分位數，總共將數據分成4塊。然後，延伸出去的鬍鬚代表最大值和最小值，所以總共有5個指標。

「四分位數」是一個新單詞呢。它還有其他類似的名字嗎？

（註）「盒鬚圖」首次在美國統計學家約翰・圖基（John Tukey，1915年～2000年）的《探索式資料分析》（*Exploratory Data Analysis*）中介紹。除此之外，圖基和馮紐曼（John von Neumann，1903年～1957年）一起設計電腦時，還發明了「bit」一詞。

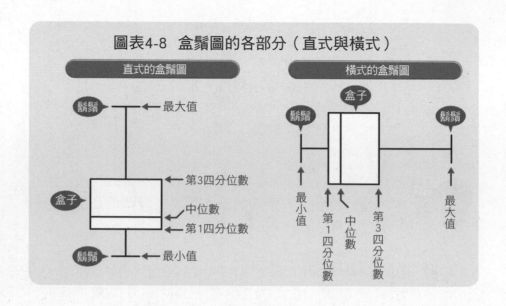

圖表4-8　盒鬚圖的各部分（直式與橫式）

檢視日本厚生勞動省的數據，還會看到「五分位數」這個詞，就是各分成1/5，所以只要學會四分位數，就能夠類推了。

從盒鬚圖推想原本的分布

接著，用「數據量」的角度來看盒鬚圖，就會是下一頁的圖。換句話說：

①最小值到第 1 四分位數＝下方的 A。

②第 1 四分位數到中位數＝下方的 B。

③中位數到第 3 四分位數＝下方的 C。

④第 3 四分位數到最大值＝下圖的D。

整體數據會落在這 4 個區間，各自占比25％。中位數（第2四分位數）的線，有時會畫得比較粗。

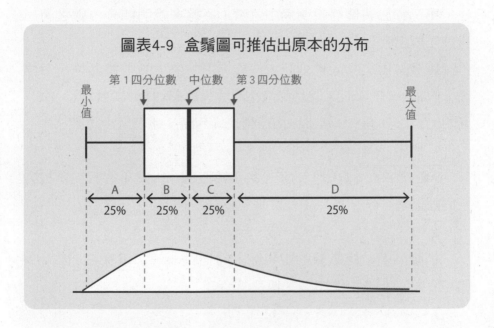

圖表4-9 盒鬚圖可推估出原本的分布

觀察上面的盒鬚圖，A範圍比B範圍大呢。如果都等量放了25％的數據，可推估原本的分布，應該會是盒鬚圖下方的那張圖吧。

沒錯，而且雖然這個盒鬚圖裡沒有，不過盒子裡頭也能放入平均數。如果放平均數的話，有時候會用「×」代替。對盒鬚圖來說，平均數也是很好的資訊，所以也可以放進圖中喔。

如何計算中位數、第 1 四分位數、第 3 四分位數

接下來，我們來看看各個數據的求法。

第三節已經簡略說明過中位數，不過在說明四分位數之前，我們先再說明一次、當作複習。

將數據由小到大排列時，位於「正中央」的數據就是「中位數」。以數據量來說，就是從最小的地方算起約 50％的位置。像下面的（1），共有 9 個數字、由小到大排列時，哪個是中位數？

1、3、3、4、4、5、5、6、8……（1）

9 個數字（奇數個）的正中央是第五個，由最小的數字算起第五個數值是「4」，所以中位數是「4」。

1、3、3、4、**4**、5、5、6、8

那麼，下一組數據的中位數，又是哪一個？這次在 8 後面多加一個數字，總共有 10 個（偶數個）。

1、3、3、4、4、5、5、6、8、9……（2）

數據是偶數個時，不會有數值剛好在正中央，所以要計算中間兩個數字（4 和 5）的平均數，來當作中位數。上述情況的話就是「（4 ＋ 5）÷ 2 ＝ 4.5」，所以中位數是「4.5」。這 10 個數據中，並沒有「4.5」這個數值，但為求方便，會直接把 4.5 當作中位數。接著，我們來說明四分位數。

「第 1 四分位數」是指，當數據由小到大排列後、位在第 25％的數字。「第 3 四分位數」則是由小到大排列後、位在 75％的數字，這稱為第 25 百分位數和第 75 百分位數。由小到大、在 90％

位置的數據，則稱為第90百分位數。

我們再進一步把數據增加到17個，然後在中位數（第2四分位數）上色。

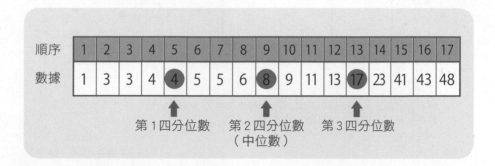

所謂的第1四分位數，恰好位於最小數值和中位數的正中間，也就是第五個的「4」。而第3四分位數則是第13個的「17」。除此之外，四分位數還有其他的取法。

盒鬚圖也有其他變形，要靠本文和圖表幫助判讀

盒鬚圖還有幾種變形模式。「盒子」的部分不變，但「鬍鬚」代表的意義不同。換句話說，不是用最大值或最小值，而是把距離上下邊界10％或25％的位置作為鬍鬚。

在這種情況中，上邊界（橫式則是右邊界）就不是指最大值。這種盒鬚圖會用在離群值過於極端的狀況，不過很多案例中不會寫鬍鬚部分代表的指標，這種時候就只能觀察圖表和本文的說明來判斷了。

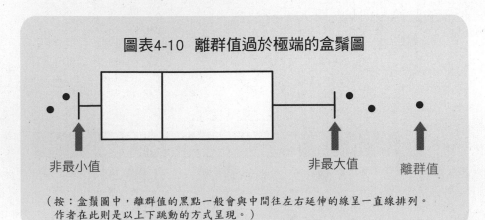

圖表4-10 離群值過於極端的盒鬚圖

非最小值　　　　　　　　　　　　非最大值　　　離群值

（按：盒鬚圖中，離群值的黑點一般會與中間往左右延伸的線呈一直線排列。
　作者在此則是以上下跳動的方式呈現。）

哪一個盒鬚圖才正確？

　　某人想用下面13個數據來製作「盒鬚圖」，完成後會是A～E哪個盒鬚圖？鬚鬚部分代表最大值和最小值。

數據（13 個）

1　2　3　4　5　5　6　7　8　8　9　9　10

盒鬚圖（5 種）

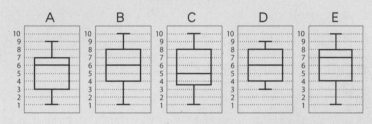

　　數據全部有13個，中位數（第2四分位數）是由小到大排列後、位在第七個的「6」。五種盒鬚圖中，中位數是6的為A、B、D。

　　接著，用第1四分位數來思考吧。這個值在第一個和第七個（中位數）數字中間，所以是第四個的「4」。而第3四分位數則是第七個（中位數）和第十三個數字的中間，也就是第十個的「8」。這樣可知道，盒鬚圖的「盒子」部分是4～8。符合的有B、D、E，搭配中位數來看，便能縮小到B和D。

　　最後，因為最小值是1，最大值是10，所以「鬚鬚」會延長過去，而符合這點的只有B、C、E。所以全部符合的「B」，就是正確的盒鬚圖。

8 最大值和最小值

> 在設計程式的時候，如果事先納入「數據的最大值和最小值」，或許就能省去不必要的勞力。

在先前「用平均數推估的超額死亡數」案例中也曾提過，最大值和最小值也是生活中可活用的工具。

新冠疫情之下，日本政府發放給全體國民每人10萬日圓紓困金。這時有人發現到一個程式漏洞，就是只要用電子方式申請，就能重複申請好幾次，但厚生勞動省解釋「每次申請時最多只能請領10人份，這樣的設計是要讓超過10人的家庭可再度申請」。但最後還是靠地方公務員「目視確認」，電子申請也變得毫無意義。

日本的家庭人數，光是在2011年～2017年這6年間，6人以上的家庭就從3.3％減少到2.3％。下頁圖表是2017年的數據，超過10人以上的大家庭，應該用「6人以上」的項目處理，厚生勞動省應該掌握了家庭人數的「最大數」。

如果日本一戶的最多人數是15人，那在設計申請軟體時，就不要用最多10人，而是再寬鬆一點、設計為最多每次可申請「20人」，這樣就不需要花人力，去對應需要進行「二次申請、三次申請」的民眾吧。

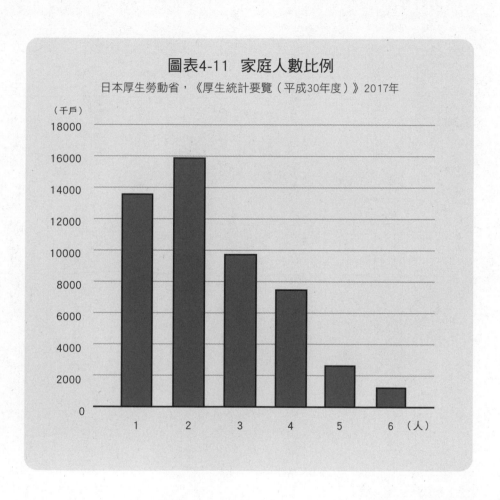

圖表4-11　家庭人數比例

日本厚生勞動省，《厚生統計要覽（平成30年度）》2017年

第5章

相關關係和因果關係

在數據分析的領域中，常會提到「即便有相關關係，卻未必有因果關係」。本章中，我們就來思考這句話的含意吧。這是為了預防某些事物「看似有因果關係，其實並沒有」而矇騙了你。

1 有關係，才有分析的意義

「相關」是用來觀察兩者的關係程度。如果一方增加、另一方就減少，這就是「正相關」，反之則為「負相關」，沒有關係則為「無相關」。

分析數據的第一步，可以想成是從「調查相關程度」開始。因為即便光靠平均數，也能推導出超額死亡數啊。

如果不會太難的話……好期待這個章節，下一頁的長條圖代表什麼意思呢？

這張圖代表每月的冰淇淋營收。正如預期，夏天7月到8月最熱銷呢。但光是這樣，還是不會知道冰淇淋營收和什麼因素有關。

嗯，可以推測是因為「氣溫」吧。我在天氣悶熱的時候，會想吃冰淇淋，所以也許是溫度。換句話說，光靠這個長條圖，無法推導出冰淇淋營收的真正原因啊。

所以，為了探究原因，一般會使用下一頁名為「散布圖（相關圖）」的圖表，來顯示明確的關係。我們一起來看看吧。

圖表5-1 雖然知道冰淇淋「夏天很熱銷」……

2019年	消費額（日圓）
1月	494
2月	423
3月	542
4月	667
5月	1,000
6月	991
7月	1,236
8月	1,513
9月	996
10月	724
11月	531
12月	584

（家戶別）

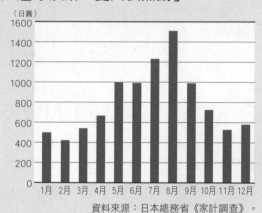

資料來源：日本總務省《家計調查》。

　　觀察下一頁的散布圖，可看出「氣溫變高（橫軸），冰淇淋的營收也會增加（縱軸）。反之，氣溫下降（橫軸），冰淇淋的營收也會下滑（縱軸）」。換言之，兩者看起來是連動的。這樣的關係就稱為「有相關性」。

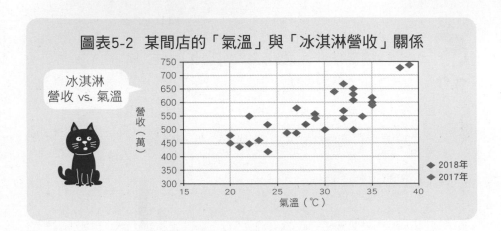

圖表5-2 某間店的「氣溫」與「冰淇淋營收」關係

冰淇淋
營收 vs. 氣溫

正相關與負相關兩者恰好相反

相關有三種區分：正相關、負相關與無相關。正相關是指像
下頁左圖，一邊（橫軸的溫度）增加，另一邊（縱軸的冰淇淋營
收）也會增加。換言之，整體是呈現「左下往右上的發展趨勢」。

負相關則像正中間的圖表，「氣溫越高，關東煮的營收越
差」，反之「氣溫越低（入冬），關東煮的營收越高」，呈現左上
往右下發展的趨勢。

最後一個案例（右圖），則稱為無相關，代表兩者之間觀察不
到明顯的傾向。

關係有多強？用數字說明，不能憑感覺

請看第200頁的6個散布圖，就能明白相關程度也有強弱之

分。但是否有相關,或相關的強弱程度,其實會因觀看者而異。

也因此才會用到「相關係數」[註],將相關程度化為數值,讓所有人都能用同樣的程度來感受。先用數字劃分界線,就能透過數字判斷,而不是靠人類主觀的感受,去區別相關性的強弱或有無,使用起來很方便。但分界線只不過是一種方便的基準,不能因為數字是 0.699,就覺得相關性不能算強,重點在於不要被數字牽著鼻子走。

不過,大家可能會覺得「兩者之間相關係數越大(相關性越強),就表示有因果關係」,但事實未必如此,所以不能說「相關關係大於 0.7,所以氣溫和營收有因果關係」,這點請多加留意。

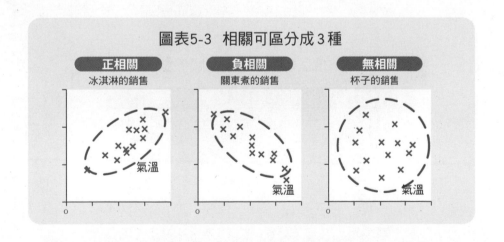

圖表5-3 相關可區分成3種

| 正相關 | 負相關 | 無相關 |
| 冰淇淋的銷售 | 關東煮的銷售 | 杯子的銷售 |

(註)若將相關的各數據寫成(x_1, y_1)、(x_2, y_2)……(x_n, y_n),算式會變得非常複雜,相關係數 r 如下。此外 $\bar{x}$、$\bar{y}$ 為平均數,x_1 和 x_2 等則為各數據。

$$r_{x,y} = \frac{(x_1-\bar{x})(y_1-\bar{y}) + (x_2-\bar{x})(y_2-\bar{y}) + \cdots\cdots + (x_n-\bar{x})(y_n-\bar{y})}{\sqrt{(x_1-\bar{x})^2+(x_2-\bar{x})^2+\cdots\cdots+(x_n-\bar{x})^2}\sqrt{(y_1-\bar{y})^2+(y_2-\bar{y})^2+\cdots\cdots+(y_n-\bar{y})^2}}$$

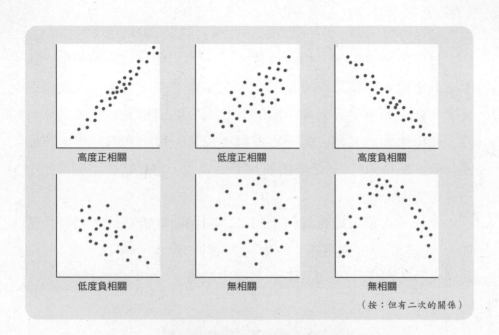

高度正相關　　低度正相關　　高度負相關

低度負相關　　無相關　　無相關

（按：但有二次的關係）

用數值呈現相關度的相關係數

相關的強弱	相關係數
高度正相關	0.7～1 以下
中度正相關	0.4～0.7以下
低度正相關	0.2～0.4以下
無相關	−0.2以上～0.2以下
低度負相關	−0.4以上～−0.2
中度負相關	−0.7以上～−0.4
高度負相關	−1 以上～−0.7

2 找不到因果關係，怎麼辦？

完全找不到分析的頭緒時，不需要勉強自己，有時借用「他人的智慧」也很重要。

本章開頭展示了從《家計調查》的統計來看冰淇淋消費數據。我過去常使用這份《家計調查》，在數據專業雜誌上刊載各種排名表。

不過，應該也有很多讀者懷疑《家計調查》的可信度吧。要消除這個疑慮，最好的方法就是觀察《家計調查》的數據（每戶平均）。

下一頁的圖表，是縣廳所在地和特別市（其下設區的川崎市等）的消費額排名。炸魚板（薩摩炸魚餅）是鹿兒島市支出最多的項目，魚板是以笹魚板聞名的仙台市最高，長崎蛋糕是長崎市，蜆主要生長在半鹹水地區（蜆只能棲息在海水和淡水交會的「半鹹水」中，如湖泊或河川的河口附近。海瓜子和蛤蜊則棲息在海中），所以是鄰近宍道湖的松江市和鄰近涸沼的水戶市最高，鰹魚則是高知市⋯⋯一切都跟預期的沒兩樣，實在很無趣。

圖表5-4 縣廳所在地與特別市中各種食品的消費額排名

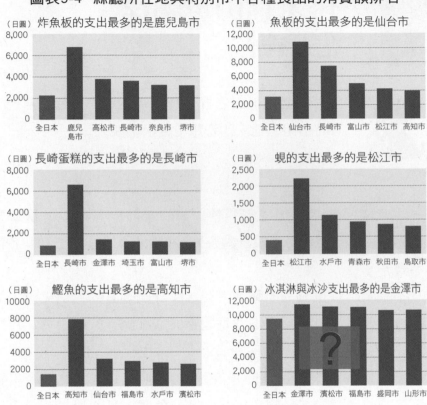

（日圓）炸魚板的支出最多的是鹿兒島市

全日本　鹿兒島市　高松市　長崎市　奈良市　堺市

（日圓）長崎蛋糕的支出最多的是長崎市

全日本　長崎市　金澤市　埼玉市　富山市　堺市

（日圓）鰹魚的支出最多的是高知市

全日本　高知市　仙台市　福島市　水戶市　濱松市

（日圓）魚板的支出最多的是仙台市

全日本　仙台市　長崎市　富山市　松江市　高知市

（日圓）蜆的支出最多的是松江市

全日本　松江市　水戶市　青森市　秋田市　鳥取市

（日圓）冰淇淋與冰沙支出最多的是金澤市

全日本　金澤市　濱松市　福島市　盛岡市　山形市

《家計調查》（兩人以上家戶）品項別都道府縣廳所在地和政令指定都市排名表（2017 年～ 2019 年平均）。

為何金澤不熱，冰淇淋消費金額卻是日本第一？

然而，觀察最後一張圖表，會發現冰淇淋的消費金額最多的是金澤市。如果只有一年，那還能說是偶然，但事實並非如此。下表是從《家計調查》的冰淇淋消費金額中，抽出了金澤市和富

山市製成的圖表。上深紅色的地方是當年的全國第一。

圖表 5-5 《家計調查》中金澤市與富山市的冰淇淋消費金額

	2011年	2012年	2013年	2014年	2015年	2016年	2017年	2018年	2019年
金澤市	9,637	10,080	9,855	10,969	10,976	10,522	12,475	10,250	11,887
富山市	8,434	8,700	10,059	10,020	8,726	11,395	10,686	10,595	10,067

■ = 全國第一（單位：日圓）
資料來源：《家計調查》。

從這裡來判斷，可得知金澤市和富山市等北陸地區，長年都是冰淇淋的大量消費地。如此一來，就無法用「只是今年剛好很熱銷」的理由來說明。

分析數據時，必須先觀察數據並設定某種程度的「假說」。如果不這麼做，就無法進行下一步。不過，在這個案例中，我卻完全想不到理由（假說）。

遇到這種根本找不到分析提示的狀況，該怎麼辦？答案很簡單，就是去借助他人的智慧，不必自己一個人想破頭。因為重點是要做出更好的分析，至於誰來分析，並不重要。

從冰淇淋的調查報告中取經

具體做法是搜尋網路，嘗試尋找跟自己有相同疑問的人。試著搜尋後，立刻就有線索，我找到一份共27頁的《金澤冰淇淋調查報告書》（日本冰淇淋協會，2019年）。據說是冰淇淋協會利用了家計調查的數據，出於「為何是金澤？」的疑問和關心，而開

始了調查計畫，這一點跟我一樣。

照報告書上說，金澤市的夏天（7月和8月）平均溫度低於全日本平均，連30℃都不到（這點如預期），但相較於東京，只要氣溫超過25℃，冰淇淋的營收就會一口氣增加（約增加300日圓）。下方圖表呈現了這個趨勢。為什麼金澤會對一定程度的天氣熱度，有如此敏感的反應？

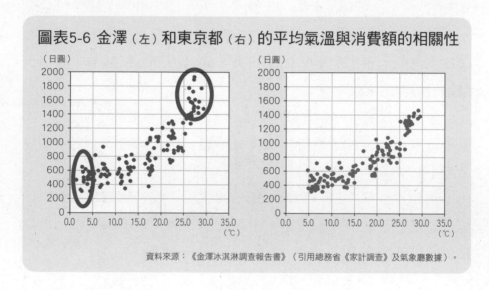

圖表5-6 金澤（左）和東京都（右）的平均氣溫與消費額的相關性

資料來源：《金澤冰淇淋調查報告書》（引用總務省《家計調查》及氣象廳數據）。

再比較金澤市和東京都的圖表，會發現金澤市的氣溫即便降到0℃，冰淇淋的消費也幾乎不會減少。這似乎是因為金澤在冬天會下大雪，當地人都在家裡開暖氣生活，所以外頭氣溫就算降到0℃以下，冰淇淋的消費金額依舊不會減低。

東京都的消費金額，從低溫到高溫幾乎是呈一條線，金澤市則是向上彎曲，高溫時消費金額更大幅增加，但是低溫時金額也

沒有減少。

透過比較兩個都市的情況，就能看見不同之處。

體感溫度的影響比氣溫還大？

我在前項單純闡述了「氣溫與冰淇淋的營收關係」，但相較於定量的「氣溫」，不如說「冰淇淋的營收，與人類的體感溫度相關」，會比較貼近真實吧。

此外，這份報告書還驗證了其他因素與金澤甜點之間的關係，這些因素包含了數值背景（金澤市近10年的實質收入平均是第一名〔兩人以上的受薪家庭〕，在零食的支出也是全日本第一〔在2017年～2019年的3年平均｛家計調查｝也為全日本第一），以及茶道和花道（每10萬人口茶道與花道教室的數量，皆穩坐日本第一寶座）、信仰（淨土真宗）等，只要能想到的，全都做了驗證並整理成報告。

用與冰淇淋相關的部分來檢視，會覺得有些內容探討起來很牽強，但當你不知道哪些因素實際上相關時，剛開始不要把調查範圍縮得太小，應該廣泛調查，才不會漏失重要的數據，以降低失敗的機率。

像這樣，看了數據後卻完全不知道原因，無法設定假說時，可以試著借用他人的智慧，這絕對不是什麼可恥的事。

3 有相關，不見得有因果

一般人常會覺得「有相關關係，代表兩者之間也有因果關係」，事實上卻不見得如此，這又是為什麼？

在第1章，我們聊到了因果關係，我也常常會覺得「有相關關係，就會有因果關係」。

每個人都會這樣，所以必須確實理解「相關關係與因果關係的不同」，這一點很重要。

相關關係是指「一方改變，另一方也會改變的關係」，對吧？換句話說，一方增加或減少，另一方也會隨之增加或減少，「是A→B」也是「B→A」。

兩者不是一主一從的關係，而是雙向的關係，這就是「相關關係」，沒有固定的方向。

反過來說，因果關係就是有方向的嗎？即便是「A→B」，卻不會是「B→A」？

沒錯，因為有Ａ這個原因，所以產生Ｂ這個結果。因此是「Ａ→Ｂ」，不是「Ｂ→Ａ」。永遠都是「一方是原因，另一方是結果」。就因為這樣，所以「有相關關係，未必會有因果關係」。畢竟因果關係這個詞，是由原因的「因」和結果的「果」構成的。

即便有相關關係，也未必會有因果關係

這也表示，如果有因果關係的話，可以說其中必然有相關關係吧。

如果有因果關係，必然也會有相關關係！

是因為瘦才生病，還是因為生病才瘦？

以前常有人說：「胃下垂的人很瘦（不會胖）。」、「某人有胃下垂，所以不管吃多少都不會胖。我也好想胃下垂啊。」你可能也曾聽過有人這麼說吧，我常常聽到這種說法，照這樣說的話，會變成以下關係：

原因（因為有胃下垂）→ 結果（很瘦）**?**

但其實是相反的，這些人不是因為胃下垂所以才會瘦，而是因為原本就很瘦且肌肉量少的人，無法維持內臟的位置，所以腸胃才會下移（變成胃下垂），這才是正確的醫學知識（有些肥胖的人也會胃下垂，所以不是因為胃下垂才會瘦）。

原因（因為很瘦，且肌肉量不足）→ 結果（胃下垂）。

本來在上腹部的胃，因為胃下垂壓迫到腸子，造成腸子的消化活動遲緩，最後還會導致便祕。如果一直想著要得胃下垂，反而無法過健康的生活。

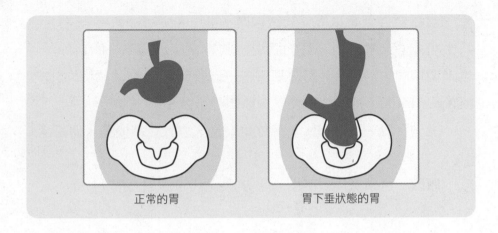

正常的胃　　　　　　胃下垂狀態的胃

如果數據違反常理，該如何分析？

接下來再介紹一個「原因和結果」看起來相反的案例吧。下一頁的圖是《國際數學與理科教育調查》的結果。橫軸是學習時間，縱軸是成績。觀察內容後，會發現一個奇怪的現象，就是「學習時間越長、成績越差」，所以單看數據，似乎可說是：

「原因（過度學習）→結果（成績下滑）」**?**

實際上，看過這份數據的教育相關人士中，似乎也有人主張應該縮短學童的學習時間。

可是「越學習，成績越差」，這種說法很難令人產生共鳴吧，當然，可能學習後會有暫時性的疲憊，可是如果是同一個學生，理當越學習（學習時間越多）、成績越好才對。

當我們遇到難以接受的數據時，該怎麼辦？此時應該考量到其中可能有某種意料之外的狀況。其實當年成績第一的新加坡，也出現相同的結果。針對這點，有一個說明表示：「針對學習進度落後的孩童設了課輔時間，以讓他們趕上課業。」

換句話說，不是因為學習時間太長，導致成績變差，而是：

原因（有學童成績落後）→ **結果**（設了課輔時間）

如果不細查原因，就直接縮短日本學童的學習時間，結果會如何？想到這一點，我就不寒而慄。

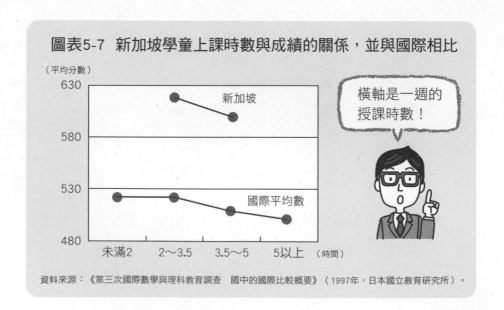

圖表5-7　新加坡學童上課時數與成績的關係，並與國際相比

資料來源：《第三次國際數學與理科教育調查　國中的國際比較概要》（1997年，日本國立教育研究所）。

4 由錯覺與偶然促成── 虛假關係

尼可拉斯‧凱吉的電影演出數與溺死人數，腳的大小與漢字測試，嬰兒的紙尿布與啤酒的營收……該如何說明它們之間的相關性？

有些事其實沒有因果關係，卻因為某種肉眼看不到的原因，而讓人產生錯覺，認為兩者似乎有因果關係，這稱為「虛假關係」。

「看不見的某種原因」，這聽起來很詭異呢。也就是在這個虛假關係中，存在著「第三個要因」，對吧。有什麼相關的例子嗎？

冰淇淋的營收和泳池的溺死人數，就是最常見的例子吧。許多人都認為兩者有關聯。其實去檢視相關性，兩者也的確有相關關係吧。可是，妳也會注意到，這其實跟「氣溫」有關啊。

在第2節中金澤市的案例，也提到了冰淇淋呢。冰淇淋是氣溫越高越熱銷、反之就賣不好的商品，這種傾向很明顯，所以「冰淇淋與氣溫」有相關關係。

不過，說到冰淇淋的營收與溺死人數，溺死人數在冬天會比較少，夏天比較多，這是因為「氣溫」上升，去泳池游泳的人增加的緣故吧。

換句話說，冰淇淋的營收與溺死人數之間，都有「氣溫」這個第三要因……。

沒錯，所以兩者之間不見得有直接的因果關係，這就是剛才提到的虛假關係。

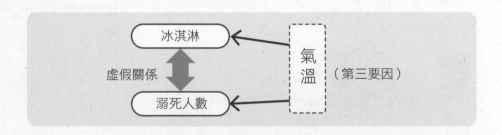

相關關係到處都有，但有些真的是純屬偶然⋯⋯

在「有相關關係，卻無因果關係」的模式中，有時會出現純屬偶然的案例。最廣為人知的就是美國男星尼可拉斯·凱吉（Nicolas Cage）的每年電影演出數量，與溺死人數的相關性。這跟氣溫毫無關係，但搭配多組數據來看，有時會出現「偶然相關」的狀況。

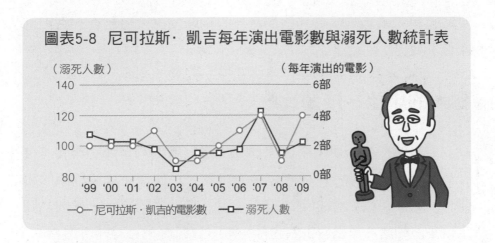

圖表5-8 尼可拉斯・凱吉每年演出電影數與溺死人數統計表

重點在於如何推測兩者的因果關係。拿尼可拉斯・凱吉的電影來說，我們試著驗證以下兩點：

❶ 電影是否一定會有游泳鏡頭？

❷ 他演出的電影每年都有10部左右嗎（要有某種程度的數據量）？

我自己只看過幾部尼可拉斯・凱吉的電影，這些電影裡頭完全沒有游泳鏡頭。

另外，每年拍攝的電影數量，不管是哪個演員都很少，靠每年只差幾部的些許差異，很難下判斷。在這個案例中，就算不是尼可拉斯・凱吉，改用強尼・戴普（Johnny Depp）或安潔莉娜・裘莉（Angelina Jolie）也一樣，隨便搜尋1,000位演員的演出電影數量，都能找到演出電影數和溺死人數變化相似的演員吧。

蒐集大量數據，就能找到意外的相關關係，但是否存在因果關係，就另當別論了。

腳大的小孩，成績比較好？

假設隨機從小學生中挑選16名出來，讓他們做漢字測驗，再計算他們的腳的大小，這樣就會看出腳大小與漢字測驗成績的相關性吧。如果媽媽們聽到這件事，說「原來成績不好，是因為腳比較小」的話，可是會害我噗哧一笑。

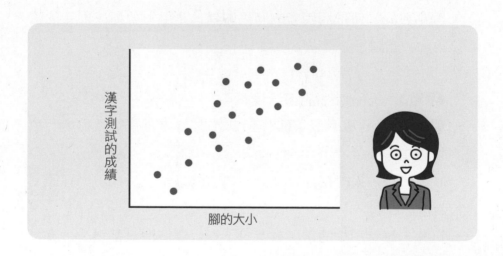

假設在校園內遊玩的孩童有1年級到6年級，通常漢字的讀寫是學年越高、學得越多。而隨著學年增加，身體也會跟著成長，當然腳也會跟著變大。如果是相同學年中出現這個傾向就另當別論，但是在這個案例中，「學年不同」就是隱藏的要因吧。

嬰兒紙尿布與啤酒的銷售，竟然也有關係？

接下來的內容，會稍微跳脫虛假相關的話題。有個小故事，大家應該都聽過吧，內容是這樣的：

「傍晚5點到7點，會有很多男性顧客到店裡買紙尿布，然後會去啤酒販賣區買罐裝啤酒，所以把罐裝啤酒放在尿布販賣區旁邊，會比較容易同時賣出去。」

這是因為嬰兒的紙尿布比較大包，所以媽媽通常會要求爸爸回家時順道一起買，爸爸買了紙尿布後，就會順便買一手啤酒回家喝。

「紙尿布與啤酒」是意想不到的組合，可能會讓人覺得新鮮，這類透過數據分析找出顧客會一起購買的商品組合，稱為「市場購物籃分析」。經判斷兩種商品的相關性很高時，就會採取讓顧客一起購買的銷售策略（兩者陳列得近一點）。

此外，還有「果汁與止咳藥」或「糖果與問候卡」等案例。

在「尿布與啤酒」的傳說中，一般認為是美國的沃爾瑪（Walmart）透過POS系統發現的，但其實第一次出現是在1992年，當時的NCR公司副總經理湯瑪士（Thomas A. Blischok）協助大型超市奧斯克藥物（Osco Drug）做數據分析，從23家門市的收銀機獲得了120萬件購物籃數據，透過分析並提案。但據說奧斯克藥物最後沒有把啤酒放在紙尿布的銷售區旁邊。好不容易分析了POS數據，得到了一個有趣的「假說」，最後卻沒有用行動來驗證，實在很可惜。

第6章

畫一條直線解讀數據——「迴歸分析」

　　在國中學習幾何圖形時，只要畫一條直線（輔助線），就能一下子解題⋯⋯大家應該都曾有這種爽快的經驗吧。

　　當大量的數據擺在眼前，卻讓你不知所措，此時在散布圖上畫一條線，就能解決一切，這條直線就是迴歸直線。本章會有一些數字和計算，不過這些計算就交給Excel處理，我們只要理解其中的思維即可。

1 人一被讚美，就會鬆懈，一被批評，就有幹勁？

爸媽身高都很高的小孩，似乎會長得更高，但其實不會如此，這是因為「均值迴歸」的關係。

我們先來介紹兩個案例，請大家一起思考，其中的思維是否正確。

❶ 聽高中的 P 老師說，他聚集了上次考試中、偏差值倒數 25％ 的 5 名學生，要他們參加「提升幹勁講座」，結果下次考試時，他們的偏差值平均和排名平均都稍微提升了。所以你如法炮製，找了在主管的考績排名中，屬於後段班的 10 名員工，結果正如 P 老師說的，他們下次的考績平均稍微提高了。是否可以判斷，這是因為讓他們參加了幹勁提升講座的緣故嗎？

❷ B 國的飛行員新訓研習中，讚美了在近期的噴射戰鬥機飛行測驗中成績前段班的人，同時批評了後段班的人。結果在下一次的飛行測驗中，原本前段班的那群人平均分數降低了，後段班的平均分數卻有所提升。這證明了「人一被讚美就會鬆懈，被批評就會有幹勁」，所以用批評的方式栽培新人，可說是正確的教育

方法。這樣的判斷正確嗎？

在案例 ❶，對成績後段班的人，施予「幹勁提升講座」這個刺激後，偏差值和排名的平均都提升了。

❷ 則是對近期研習的前段班和後段班，採取不同的態度，結果前段班的成績相對變差，後段班則相對變好，所以認為在教育方法上「批評式教育比讚美式教育好」，這番話我們能直接照單全收嗎？

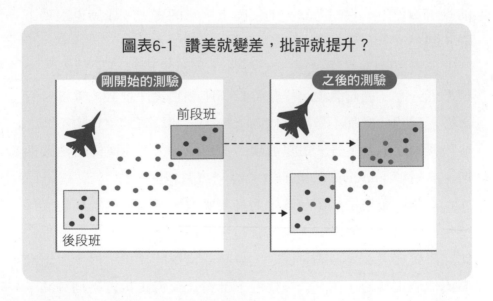

圖表6-1 讚美就變差，批評就提升？

剛開始的測驗　之後的測驗　前段班　後段班

其實，只是回歸正常水準……

以前談到兒童教育和部屬教育時，就一定會出現「讚美式教

育」和「批評式教育」。至於哪一種較好，不知道現在是否已經有定論了？

其實就算不做❶的「幹勁提升講座」和❷的「讚美或批評」，照樣會出現一股力量，試圖將事情回歸到原本的狀態，那就是「均值迴歸」。

比方說，假設這次考試成績在前段班的有5個人（A～E）時，其中的1、2個人可能平常成績普通（原本是中段班），只是剛好前一天預習的部分有出題，所以成績才會比平常好、而進入前段班。但下一次的考試，則反應出平常的實力，成績也跟著下降、回到了中段班。

因此觀察上次前段班5人（A～E）的平均得分，這次才會稍微低一點。換句話說，提起幹勁講座和讚美與批評，其實沒有影響，就算什麼都不做，就傾向上來說，前段班的平均會下降，後段班的平均會上升。最早發現這個現象的人，是英國的法蘭西斯·高爾頓（Francis Galton，1822年～1911年）。

高爾頓蒐集了父母和孩童的身高數據，發現身高很高的父母所生下的小孩，很少有人身高會超過父母，多數情況下孩童都會比父母更接近平均身高。反之，身高非常矮的父母，很少生出身高比他們更矮的小孩，大多情況下都會比父母更接近平均身高。高爾頓將這個現象取名為「均值迴歸」。

請參照下頁圖，有一條有色粗線穿過各數據，這條線稱為迴歸直線。接下來會在下一節說明迴歸直線的內容。

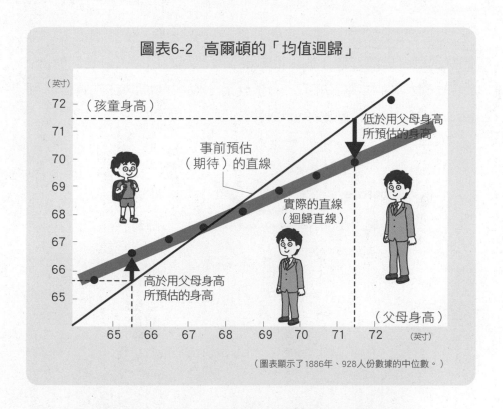

圖表6-2 高爾頓的「均值迴歸」

（英寸）

（孩童身高）

事前預估（期待）的直線

低於用父母身高所預估的身高

實際的直線（迴歸直線）

高於用父母身高所預估的身高

（父母身高）

（英寸）

（圖表顯示了1886年、928人份數據的中位數。）

為什麼有些人會覺得偏方比看病吃藥有效？

光是知道均值迴歸，就能有效迴避錯誤的結論。假設你身體不舒服，休了幾天假。雖然吃了醫院開的藥，狀況卻一直沒好轉。這個時候，朋友告訴你：「只要喝兩公升的焙茶就會好。」你半信半疑的喝看看，隔天早上身體狀況竟然真的好轉了……。

你可能會單純的以為「這是焙茶的效果」，但請稍微冷靜，思考一下「均值迴歸」的可能性吧。

其實這是因為身體不好的時候，只要吃藥、休息個幾天，身體狀況就會自然好轉。你只是剛好在身體已經過了「最差狀態」、慢慢恢復的時候喝了焙茶，考量到這一點，就能想到在這個時間點，身體狀況本來就應該會好轉。

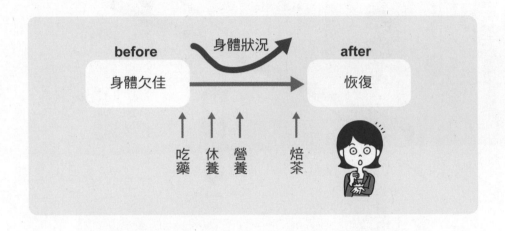

如果要判斷是發生均值迴歸，還是藥物和講座起了功效，此時第2章所介紹的隨機對照試驗就會很有效。分組時，要隨機打散性別、年齡和講座的參與意願程度，然後一組參與講座（介入組），另一組不參加（對照組），等半年或1年後，再觀察兩者有無明顯的差異。

2

迴歸直線怎麼畫？
不能憑感覺

用一條線顯示相關程度，判讀起來會非常方便。但要是隨便亂畫，就不會得到眾人的認同，到底該怎麼辦才好？

把兩種有一定數量的項目，顯示在散布圖（相關圖）上時，有時會看出某種「傾向」。「迴歸直線」就是用一條直線顯示其傾向。下圖裡可清楚看見一種傾向（從左下往右上增加），然後大致畫一條直線，也就是下圖中的直線。

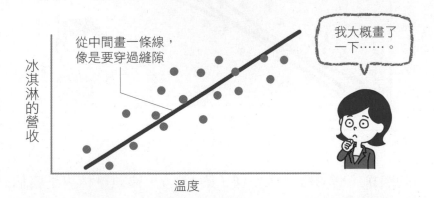

我雖然很想說：「這就是迴歸直線！」但這條直線只是大概畫一下而已。有些人可能會覺得「這條線的斜率有點不對」或「線畫得太斜了」，出現各種意見分歧的狀況，因此如果沒有畫線的規

則，那麼有多少人，就會有多少種畫線的方式。

用最小平方法求「迴歸直線」

　　於是，我們要思考的是，該如何畫出每個人都能認同的「最適當直線」。假如有最適當的直線，並設定這條直線為y=ax＋b（a是直線的斜率，b是與縱軸的交叉點＝截距）時，只要決定a和b、將與各點的差減到最小，這樣就不會有人有意見了吧。如此畫出來的線與各點之間的差，就稱為「殘差」。

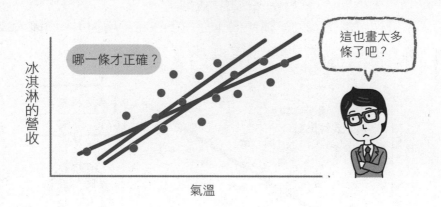

　　就跟求「變異數」時一樣（第4章），殘差單純只是與估計的迴歸直線之間的差，總計會是±0。所以每一個殘差要取平方後、加總（為使數字變成正），以求出最小值。因為是「取平方後求最小值」，所以稱為最小平方法（最小二乘法）。

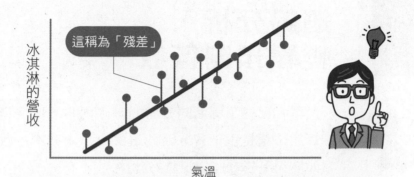

這樣一來，就可看出這兩個項目有某種關係，用上面的例子來說，意圖用氣溫說明冰淇淋營收的統計分析方法，稱為「迴歸分析」。迴歸分析的道理很簡單，卻是最有效的方法。

<table>
<tr><td>3</td><td># 迴歸分析，
輕鬆預測營收</td></tr>
</table>

現在已經了解迴歸分析的基礎內容，但實際要計算起來還是很辛苦，因此這邊會藉由案例，教大家如何利用Excel處理迴歸分析。

前輩，我應該要實際做一下迴歸分析的計算了，可是「最小平方法（最小二乘法）」這些，計算起來好像很辛苦呢。

只要知道原理，接著就交給Excel處理就好。不過最好先預測一下，大概會出現什麼樣的數值會比較好。如果學會了序章介紹的費米估算，要是跑出奇怪的數據，就會比較容易察覺到自己輸入的數值過大。

迴歸分析幫你抓出大致的趨勢

迴歸分析很直觀，非常容易理解。下一頁的圖表 ❶ 是用F公司各年度的營收和廣告費數據所製作出的散布圖，而 ❷ 則是用Excel畫出的迴歸直線。

從如此簡單的圖表，就能知道廣告費如果有800萬日圓（雖然過去不曾投入這麼多），似乎就能創造6,000萬日圓的營收。

　　當然，營收不是光靠廣告費決定的，但如果能找到某種跟營收和盈利有關的數據，那麼只要改變該數值，似乎就能增加營收。就像這樣，迴歸分析是非常直觀的手法，而且也能單純用來模擬。

圖表6-3　廣告費為800萬日圓時，能預測營收嗎？

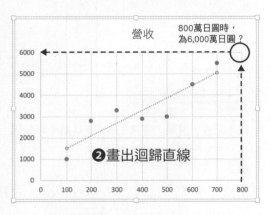

❶數據

廣告費	營收
100	1000
200	2800
300	3300
400	2900
500	3000
600	4500
700	5500

相關係數＝	0.90302784

　　但要畫出正確的迴歸直線，必須將各點之間的差平方後再取總和（最小平方法），這實在很麻煩。所以如果是在公司內部的會前會使用，或許只要隨意畫一條大概的直線就好（依據公司風氣和主管的個性）。

利用 Excel 分析數據

　　接下來，計算的部分就交給Excel。另外，Mac版的Excel有

一陣子拿掉了「數據分析」的功能，但最近又能使用了（截圖畫面是使用Mac版）。

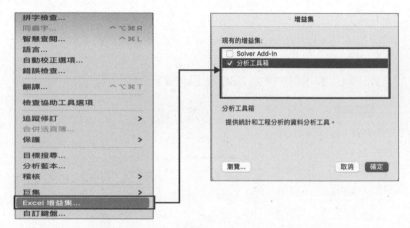

從「工具」選單，選擇 Excel 增益集，再勾選「分析工具箱」。

在Excel的初始設定中，Windows版和Mac版的「分析工具箱」都是關閉的，所以要先開啟，才能使用數據分析的功能。你必須從「工具」選單，選擇「Excel增益集」，再勾選「分析工具箱」。

接著，用數據（廣告費與營收）製作散布圖，並在圖中加入迴歸直線，也就是如前一頁的樣子。先選擇所有的數據後，在圖表中選擇散布圖來製作吧。

選擇散布圖

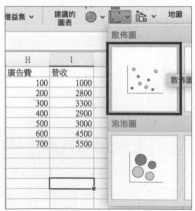

　　畫出下圖的散布圖後，點擊散布圖的線並按滑鼠右鍵，就會出現圖中右下角的彈出式選單，在這邊選擇「加上趨勢線」。接著就會像下面第二張圖，出現順著各點來描繪的「迴歸直線」。在這個階段，已經用最小平方法計算好殘差了。（按：Windows 版 Excel的分析工具箱，可從「檔案」→「選項」→「增益集」→下方選取「Excel 增益集」→點選「執行」來打開。）

選擇加上趨勢線

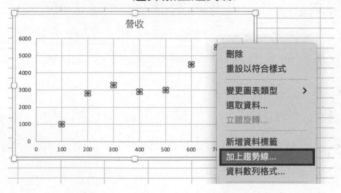

迴歸直線畫好了

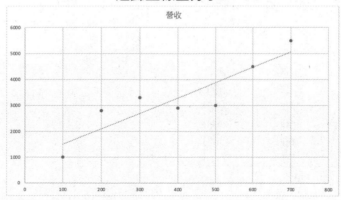

用判定係數看數據是否可用

在這裡，我們使用Excel的函數CORREL，來調查散布圖的相關係數，指定好數據的範圍（C3:C9,D3:D9），輸入CORREL（C3:C9,D3:D9）後，就會顯示相關係數為0.90302784，可得知相關度相當的高。

這個相關係數（R）取平方，就能算出「判定係數」（也稱為「決定係數」：R^2）。上面的案例中，相關係數0.90302784可大致看成「0.9」來取平方，就能算出判定係數大約是0.9×0.9＝0.81。判定係數是顯示計算出的迴歸公式，相對於各數據是否「適切」。

判定係數（取0~1的值）越接近1，就越能用於預測。反之，如果越接近0，就是難以用於預測的迴歸公式。但這並非絕對指標，請想成是大致的標準即可。

以CORREL函數算出「相關係數」

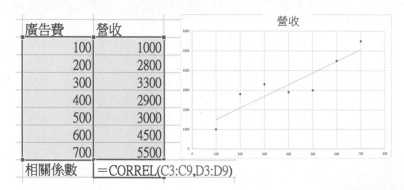

廣告費	營收
100	1000
200	2800
300	3300
400	2900
500	3000
600	4500
700	5500
相關係數	=CORREL(C3:C9,D3:D9)

　　就結論來說，上頁圖的直線（迴歸公式）與各數據，從目測來看也沒有離得太遠，表示用這個迴歸公式，足以透過廣告費來預測營收。

　　最後，來確認這條迴歸直線的算式（y＝ax＋b）吧。點擊圖表按滑鼠右鍵，右下角會出現畫面中的選單，勾選最下面的兩個方塊。

這樣就能知道迴歸直線的算式！

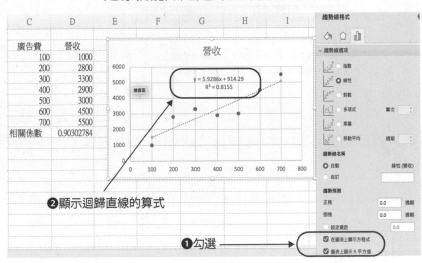

❷顯示迴歸直線的算式

❶勾選

　　如此可得知，這條迴歸直線為$y = 5.9286x + 914.29$。廣告費（x）如果有600萬日圓，$y = 5.9286 \times 600 + 914.29 \fallingdotseq 4,471$ 萬日圓。實際數字是4,500萬日圓，所以這個預測還算精準。不過，這樣計算起來很複雜，所以化零為整後，大約是$y = 6x + 900$。

迴歸分析

圖表畫好了，接著就分析數據吧。點擊Excel上方的「資料」標籤，再點擊最右邊的「資料分析」，並選擇「迴歸」。

選擇「迴歸」

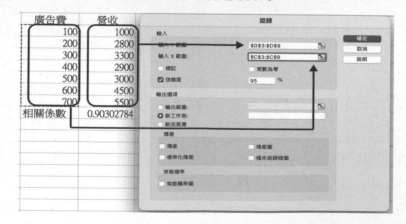

在「輸入Y範圍」和「輸入X範圍」，分別用滑鼠指定營收和廣告費的數據範圍。接著勾選「信賴度」的方塊，使用預設的95％。

指定範圍且信賴度設為95％

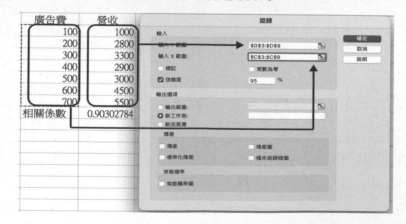

　　這樣輸入後，就會顯示下面的分析表。這裡最重要的，是顯著值未滿0.05（小於5％）。因為「勾選了信賴度且設為95％」，所以顯著水準為100－95＝5（％）

　　這「5％」的基準，代表「如果發生小於5％的狀況，難以歸類為偶然或湊巧發生」。而此處是0.005，也就是0.5％，比基準（5％）少1個位數，所以可說是充分滿足了條件。

輸出分析表

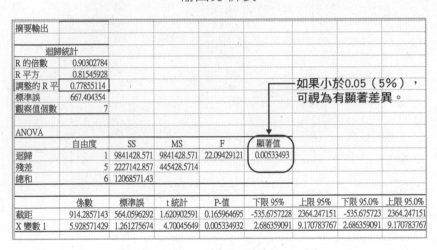

摘要輸出								
迴歸統計								
R 的倍數	0.90302784							
R 平方	0.81545928							
調整的 R 平	0.77855114				如果小於0.05（5％），			
標準誤	667.404354				可視為有顯著差異。			
觀察值個數	7							
ANOVA								
	自由度	SS	MS	F	顯著值			
迴歸	1	9841428.571	9841428.571	22.09429121	0.00533493			
殘差	5	2227142.857	445428.5714					
總和	6	12068571.43						
	係數	標準誤	t 統計	P-值	下限 95%	上限 95%	下限 95.0%	上限 95.0%
截距	914.2857143	564.0596292	1.620902591	0.165964695	-535.6757228	2364.247151	-535.675723	2364.247151
X 變數 1	5.928571429	1.261275674	4.70045649	0.005334932	2.686359091	9.170783767	2.686359091	9.170783767

失業率增加1%，自殺人數會增加多少？

第3章的圖表章節中，從「失業者增加，自殺者也會增加」的假說，個別用折線圖呈現兩者的變化，得到結論：「兩者的圖形很像」和「看似有充分的關係」。

此次列出了「完全失業率」和「自殺人數（總數）」的原始數據，請確認三件事情：

❶描繪兩者之間的迴歸直線。

❷求出迴歸直線的算式。

❸如果失業率增加1%，自殺人數會增加多少？

年	完全失業率(%)	自殺者數(人)	年	完全失業率(%)	自殺者數(人)	年	完全失業率(%)	自殺者數(人)
1978	2.2	20,788	1991	2.0	21,084	2004	4.7	32,325
1979	2.0	21,503	1992	2.1	22,104	2005	4.4	32,552
1980	2.0	21,048	1993	2.5	21,851	2006	4.1	32,155
1981	2.0	20,434	1994	2.8	21,679	2007	3.8	33,093
1982	2.2	21,228	1995	3.1	22,445	2008	3.9	32,249
1983	2.3	25,202	1996	3.3	23,104	2009	5.0	32,845
1984	2.6	24,596	1997	3.4	24,391	2010	5.0	31,690
1985	2.6	23,599	1998	4.1	32,863	2011	4.5	30,651
1986	2.7	25,524	1999	4.6	33,048	2012	4.3	27,858
1987	2.8	24,460	2000	4.7	31,957	2013	4.0	27,283
1988	2.5	23,742	2001	5.0	31,042	2014	3.5	25,427
1989	2.2	22,436	2002	5.3	32,143	2015	3.3	24,025
1990	2.1	21,346	2003	5.2	34,427	2016	3.1	21,897

■ 1978 年～ 2016 年的完全失業率與自殺人數。
資料來源：日本警察廳，《平成 30 年中的自殺狀況》；日本總務省統計局，《勞動力調查》。

　　首先，把完全失業率和自殺人數的數據輸入Excel，製作完全失業率與自殺人數的散布圖。

　　左下的圖表就是製作好的散布圖，各點集中在右上區域，所以在此稍微變更了橫軸與縱軸的刻度（右下圖），這裡可看出兩個指標有「正相關」。

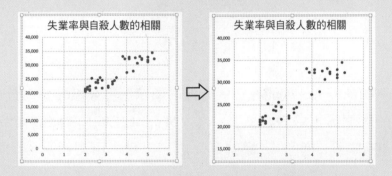

　　接下來試著畫迴歸直線。下頁左圖中，滑鼠靠近散布圖內的點，按右鍵顯示彈出式選單後，選擇「加上趨勢線」，就會像下頁右圖一樣，自動描繪迴歸直線。

　　接著是「❷求出迴歸直線的算式」，在圖表任一處按右鍵，會出現跟剛才一樣的彈出式選單，勾選最下面的兩個方塊（請參照第237頁圖），

　　・在圖表上顯示方程式
　　・圖表上顯示R平方值

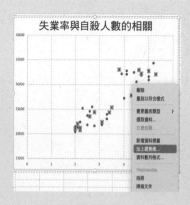 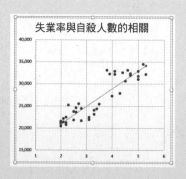

　　如此一來，就能在算式旁邊，顯示迴歸直線的公式與 R^2 值。此迴歸直線的算式為 $y = 3994x + 12956$，取概數後為 $y = 4000x + 13000$。這樣就算完成了「❷求出迴歸直線的算式」。

　　再來是「❸如果失業率增加1%，自殺人數會增加多少？」的問題，觀察迴歸直線的算式與圖表，可知 $x =$ 失業率，$y =$ 自殺人數，所以：

　　如果失業率增加1%→自殺人數增加4,000人

　　相較於日本過去2%左右的失業率，最近的失業率則正在提升。這份數據雖然沒有顯示，不過2020年的新冠疫情讓全球陷入失業危機，讓人實際感受到，降低失業率將會成為最大的政治課題。

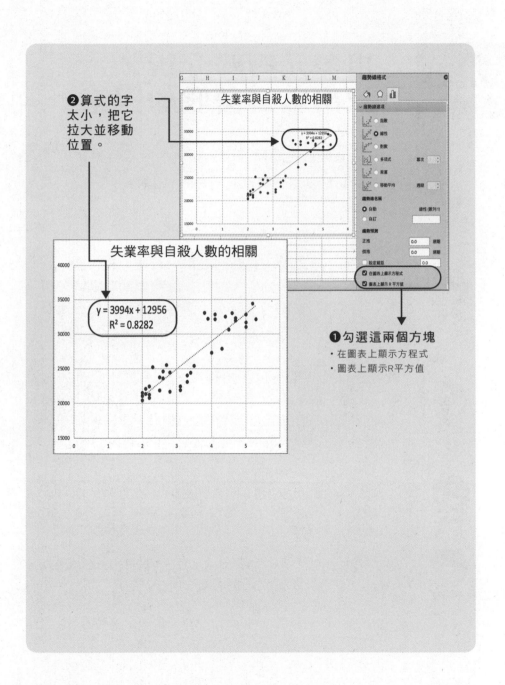

❷算式的字太小，把它拉大並移動位置。

失業率與自殺人數的相關

y = 3994x + 12956
R² = 0.8282

趨勢線格式

趨勢線選項
指數
線性
對數
多項式   冪次
冪塞
移動平均   週期
趨勢線名稱
自動   線性 (數列1)
自訂
趨勢預測
正推   0.0   週期
倒推   0.0   週期
設定截距   0.0
在圖表上顯示方程式
圖表上顯示 R 平方值

失業率與自殺人數的相關

y = 3994x + 12956
R² = 0.8282

❶勾選這兩個方塊
· 在圖表上顯示方程式
· 圖表上顯示R平方值

4 用多元迴歸分析，找出影響營收的因素

在多個主要原因中，哪一項因素會對結果帶來多少影響？這一點也能用 Excel 確認。

在前一節中，跟營收有關的項目只有取「廣告費」一項，然後做了迴歸分析，對吧。這叫做簡單迴歸分析嗎？雖然淺顯易懂，可是除了廣告費之外，應該還有很多因素吧。

廣告費以外的業務員努力程度、知名度、陳列方式等，也都可以納入考慮，不過就廣告費這一項，還可以細分成是報紙廣告帶來營收貢獻呢，還是傳單或店頭廣告……等類來思考，這叫做「多元迴歸分析」。

多元這個詞聽起來很麻煩，不過在實務上似乎派得上用場呢。

我們就來嘗試一下多元迴歸分析吧。我也不是很擅長 Excel，不過只要檢視幾個必要的地方就好。

用 Excel 處理迴歸分析

　　如下表一樣，先輸入「廣告費的明細」（3種）與帶來的「營收」。這邊的目標是將廣告費的明細中，哪一種對營收貢獻最多，以及各自貢獻了多少，化為數值來檢視。

廣告費的明細與營收的關係

報紙廣告	店頭廣告	網路廣告	營收
60	35	5	1000
140	35	25	2800
200	60	40	3300
240	35	125	2900
300	40	160	3000
380	43	177	4500
450	60	190	5500

　　開始多元迴歸分析前，先點擊Excel上方的「資料」標籤，再點擊最右邊的「資料分析」並選擇「迴歸」。接著就會如下頁所顯示，需要輸入幾筆數據。首先在「輸入Y範圍」，指定「營收」數據的範圍。

　　第二行的「輸入X範圍」則輸入報紙廣告、店頭廣告、網路廣告這三組數據的範圍。先輸入Y座標、再輸入X座標，注意這裡很容易弄顛倒。

　　下面的「信賴度」輸入95％或99％。95％是指這個預測錯誤的機率（顯著水準）為「5％」。如果指定為99％，那預測錯誤的

機率會只有「1%」。

到這裡就準備完成了。接下來只要按下「確定」，就會產生下方的多元迴歸分析結果。計算很輕鬆就結束了，只要看結果就好。觀察這張表，報紙廣告似乎最有效。

執行迴歸分析

	A	B	C	D	E	F	G	H	I
1	摘要輸出								
2									
3		迴歸統計							
4	R 的倍數	0.99509771							
5	R 平方	0.99021946							
6	調整的 R 平	0.97554864							
7	標準誤	170.912899							
8	觀察值個數	6							
9									
10	ANOVA								
11		自由度	SS	MS	F	顯著值			
12	迴歸	3	5914910.896	1971636.965	67.49588138	0.014634882			
13	殘差	2	58422.43778	29211.21889					
14	總和	5	5973333.333						
15									
16		係數	標準誤	t 統計	P-值	下限 95%	上限 95%	下限 95.0%	上限 95.0%
17	截距	975.8365291	343.5068244	2.840806818	0.104793943	-502.154047	2453.827105	-502.154047	2453.827105
18	60	23.1580194	3.335115729	6.943692898	0.020116761	8.808174605	37.5078642	8.808174605	37.5078642
19	35	-22.19727047	12.69007084	-1.74918413	0.222365537	-76.7982384	32.40369748	-76.7982384	32.40369748
20	5	-24.26133544	4.950113107	-4.9011679	0.039198084	-45.5599531	-2.96271777	-45.5599531	-2.96271777
21									

用多元迴歸分析也能知道營收和各廣告（報紙廣告、店頭廣告、網路廣告）的相關關係。為此，可以用「資料」標籤的「資料分析」，選擇「相關係數」，就會出現下頁表格。

　　觀察這張表，會發現報紙廣告與營收之間的相關性最強（B5），報紙廣告與網路廣告（B4）也有很強的相關性。反之，店頭廣告和網路廣告（C4）的相關性，似乎沒有報紙廣告這麼高（單看這份數據）。

　　但報紙廣告的花費是店頭等廣告無法比擬的，而且打一天就會結束。相較之下，店頭廣告可以長期放置。因此，三種廣告的成本、期間、效果和平衡性，也應該一起納入考量。

	A	B	C	D	E
1		報紙廣告	店頭廣告	網路廣告	營收
2	報紙廣告	1			
3	店頭廣告	0.52704713	1		
4	網路廣告	0.9470957	0.2767954	1	
5	營收	0.93438272	0.66304559	0.7822431	1

第7章

三個測驗題，
試試看你懂多少

最後一章我們就來挑戰較簡單、而且日常生活中
多少會感到一點疑惑的問題。針對這三個問題，我都
放上了自己的解答，但這不是「絕對的正確答案」。
如果是二次方程式的題目，是會有正確答案，但如果
是在日常生活和商業事務中，就只能自己設定假說，
並蒐集對照用的數據、思考解答為何。

1 1到3月出生的孩子，運動方面較吃虧？

常會聽說日本所謂早生的人（1月至3月生）當運動選手會吃虧。請用自己的方法，調查真假並判斷。

　　題目說「要用自己的方法調查並判斷」，所以包含蒐集數據在內，就輕鬆的調查一下吧。

　　1月至3月（雖然這邊寫1月至3月，但正確來說，早生的人是指「1月1日至4月1日」出生。日本的學校會從4月2日開始迎接新生。因此4月1日出生的孩童，會被算在前一個學年度，所以也算是早生）出生的人，在日本稱作「早生」，我也是其中一分子。

　　該如何驗證早生的人「在運動上會吃虧」這件事的真偽？我試著依據職業棒球選手的出生月分（2020年度共826人，包含教練）並製作圖表。Excel的數據是來自日本棒球機構（NPB）的選手名簿。

　　整理出來的內容，就如下一頁的表格和圖表，觀察後會發現，用來對比的「4月出生」和「（隔年）3月出生」的選手人數比率為90比45，剛好是2：1。再用簡單的長條圖來呈現。觀察整體的傾向，很清楚能看出趨勢是呈現「從左上往右下」。

就結論來說，「單以職棒選手來看，早生的人比較少」似乎是正確的。也可以嘗試調查足球選手和排球選手，不過單純看826位職棒選手的話，「早生的人在運動上會吃虧」，這句話似乎並沒有錯。

圖表7-1　早生的職棒選手比較少？

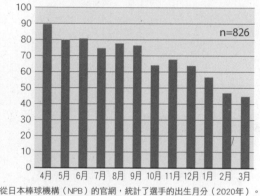

出生月分	人數	比率
4月	90	0.11
5月	80	0.10
6月	81	0.10
7月	75	0.09
8月	78	0.09
9月	77	0.09
10月	64	0.08
11月	68	0.08
12月	64	0.08
1月	57	0.07
2月	47	0.06
3月	45	0.05
總計	826	1.000

從日本棒球機構（NPB）的官網，統計了選手的出生月分（2020年）。

為什麼說早生的人運動上比較吃虧？

成年後，很難想像早生的人在身高、體重和運動神經（動態視力、反射神經等）上，會不如其他月分出生的人，到底原因是什麼？

根據東京農業大學勝亦陽一副教授（生長發育學）的說法，隨著年齡增長，也就是從小學、國中到高中，棒球領域中早生的孩童比率會大幅下降（退出社團）。

棒球這種團體運動，為了讓隊伍獲勝，比較容易派體能好的孩童上場，所以才會有人說早生的孩童從小出場的機會就有限，最後逐漸遠離競技運動。在身體成長到能和其他人公平比較能力之前，幼少時期就會先失去被派上場比賽的機會。因為小時候年紀差一歲，在體格和體能上就會有巨大的差異。

此外，4月至6月生的孩童，幼少期身體也會比較強壯，在運動方面常會受到雙親和教練誇獎，本人也會因此覺得「自己很擅長運動，想要變得更好」，然後更加努力等，較容易創造出一種正循環。

相撲也是這樣嗎？

那麼，如果是像相撲這種個人競技，而不是團隊運動的話，也會有影響嗎？

為了驗證這一點，我們用容易獲得的數據，也就是大相撲的案例來思考。從「日本相撲協會」的「搜尋力士」可以蒐集到數據。力士的總數超過600人，我們從幕內、十兩、幕下和三段目（按：皆為力士階級，由高至低）選出226名日本籍力士，之所以只選擇日本力士，是因為蒙古和喬治亞等外國籍力士的學習時期，不見得是從4月開始。

令人驚訝的是，相撲也一樣呈現4月至6月出生的人，遠多於早生的1月至3月，這個傾向非常明顯。

小時候年齡如果差到快一歲，體格上就會有很大的差異，在

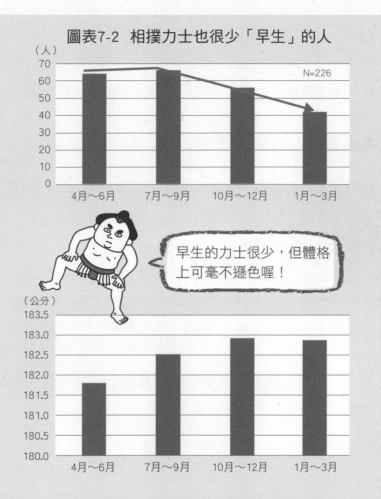

圖表7-2 相撲力士也很少「早生」的人

早生的力士很少,但體格上可毫不遜色喔!

早生的人在身高上沒有劣勢

出生月分	4月	5月	6月	7月	8月	9月	10月	11月	12月	1月	2月	3月
平均身高	181	182	181	181	183	184	184	184	181	180	185	183

以3個月為單位來看「早生者」的身高

出生月分 (3個月)	4月～6月	7月～9月	10月～12月	1月～3月
平均身高	181.1	182.5	183.0	182.9

資料來源:日本相撲協會。

相撲這類運動上的強弱就會非常顯著。一年的差距在相撲來說影響非常大，所以孩童才會覺得「自己不適合相撲」吧。

多讚美並給予上場的機會

對應的方法，就是雙親和指導者要給予「上場機會」。還有，輸掉比賽時也不要數落他們，而是要誇獎他們進步的地方，重點在於不要從小就一直讓他們遭受挫折感。

不用說，體格的差距會隨著成長逐漸消失。前一頁刊載了力士的出生月分與身高的數據（體格）。月分是以3個月為1組，前頁下方的圖表中為了讓差異更明顯，所以稍微變更了縱軸（身高間距）。

真要說的話，在成年後，早生的人體格似乎比較好，果然最重要的對策還是讚美、不數落以及「不跟其他孩童比較」。

2　1到3月出生的孩子，學習態度比較差？

一般認為，早生的孩童不只是在運動方面，在學業上也比較吃虧，請用自己的方法調查這一點是否正確。

從榮獲諾貝爾獎學者的出生月分來比較

要調查學業與早生的關係，只要大量蒐集東大生的出生月分數據即可，但除非是研究人員，否則無法拿到這樣的數據。

所以，我決定從一般人也可以拿得到的數據下手，就是調查美國的諾貝爾獎得主（物理、化學、醫學、生理學）的出生月分。數據為1950年～2019年這70年間，共225人（包含雙重國籍）。諾貝爾獎得主一覽是取自維基百科，之所以會把範圍限定在美國，是因為數據量最多。

不過，美國大都9月開學，但有些州是8月開學，也有11月開學的，「開學時間」不像日本一樣統一。

另外，有些人在獲獎時為美國籍，例如藍光LED的發明者中村修二，所以這份資料稱不上很嚴謹，但可以從中看出大傾向。所以這份圖表以「9月開學」，然後將美國的早生設為「6月至8月」。

看下方的圖表就能明白，全球大都是以9月至6月為1個年級（隔年7月至8月放暑假）。澳洲和紐西蘭則是1月至12月，學年和年度是一致的。

圖表7-3　各國學制比較表

國名	學校制度（開學）	備註
美國	大都是9月～6月、8月～5月	依各州和學校而異。
加拿大	9月～6月	
墨西哥	8月～7月，6、3、3、4學制	各學齡前後有4個月的緩衝期（可和學校商量）。
中華人民共和國	9月～7月，基本是6、3、3、4學制	英語教育從小學3年級開始，都市區更早。
緬甸	6月～3月，6、3、3、4～7學制	高中的數學與科學以英文授課。
柬埔寨	10月～7月，6、3、3、4學制，推測僅1％的人上大學（2016年）	1970年代後期的獨裁政權造成教育制度瓦解。
泰國	5月～3月，6、3、3、4學制	大學就學率48％（2015年）。
越南	9月～5月	都市區為9年義務教育，地方實際為5年。
伊朗	9月～6月	9月22日前滿6歲者，需在9月23日就讀小學1年級等。
沙烏地阿拉伯	8月底～6月	年齡基準日為10月1日等。
土耳其	9月～7月、8月底～6月	
阿拉伯聯合大公國（UAE）	9月～6月	
突尼西亞	9月～6月	

南非	1月～12月、8月～6月等	依學校而異。12月31日前滿7歲的孩童於1月1日入學等。
迦納	8月～5月、9月～6月等	
英國	9月～6月（有些學校為8月底～6月或7月）	大學入學前會去打工、做志工。
法國	9月～3月	
義大利	9月～6月，5、3、5、3學制	隔年4月30日前滿6歲的兒童可提前入學。
荷蘭	8月底～6月、9月～7月等	
愛爾蘭	9月～6月	細節依學校而異，但開學至結束時期相同。
紐西蘭	1月～12月	依學校而異。5歲生日後，由學生自行決定入學。
澳洲	1月底（2月初）～12月	依學校而異。

資料來源：根據日本外務省，《各國與地區的學校資訊》製作（https://www.mofa.go.jp/mofaj/toko/world_school/01asia/infoC11800.html）。

　　檢視統計結果，看下頁圖便能明白，從按月分組的圖表中，看不出有特別的傾向。但如果以3個月為單位（最下方圖表），就能明顯看出趨勢。

　　比起較有利的9月至11月晚生組，反而是越後面、諾貝爾獎得主就越多，特別是「早生」的得獎人數最多。雖然這不夠嚴謹，但至少美國的諾貝爾獎得主（學業和工作的成果）似乎顛覆了「早生的人較吃虧」的說法。

　　為什麼會出現這樣的結果？接著比較「日本的結果」，會發現其中的差異和日美教育孩童的方式有關。

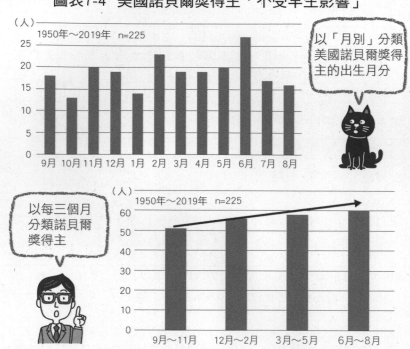

圖表7-4　美國諾貝爾獎得主「不受早生影響」

日本竟出現相反結果？

　　一位東大畢業、且在補教界也十分有名的醫學專家表示：「雖然沒有可以證明的數據，不過感覺上4月至6月的晚生者中，考上東大的人比較多。」這可能是他觀察周遭後得到的感想吧。

　　是否有數據能印證這番話？從利用了「就業結構基本調查」問卷調查的論文，以及「國際數學及科學教育成就趨勢調查」（TIMSS），或是「國際學生能力評量計畫」（PISA）的問卷調

查，可得知「4月生和隔年3月生，偏差值會差2到3」，同時還有人指出「這項差異到大學入學前都不會變小」[註]。

我個人認為，如果偏差值只差2至3，似乎能充分推翻早生的人在學業上吃虧的論點；但如果是「平均起來有差異」，就無法否認早生的人從一開始，就處於不利的狀況。

年幼時的一歲差異，不只限於體格，腦部發育也有差距，所以4月生的小孩能做的勞作、畫圖和拿筆計算，有可能隔年3月出生的小孩會因為做不到，而感到沮喪。

這個時候，跟前面運動的例子一樣，不能就這樣斷定孩童做不到，這是很危險的。觀察美國諾貝爾獎得主的出生月分也能明白，只要好好栽培，早生的不利之處就會逐漸消失。

參考專家提出的詳細數據來評論，會很有說服力，但也不用因此感到高興或難過，可自行尋找世界上可取得的各種數據來分析，以決定該如何栽培以及對待孩子。看到不好的數據也無妨，應該主動擬定相關對策，這正是分析數據的意義所在。

也可配合世界的潮流來改善

美國有紅衫（Redshirting）制度，拿日本舉例，就是讓富裕家庭2月、3月等早生的孩童暫緩一年入學。目的是讓早生的孩

（註）川口大司、森啟明，《生日與學業成績、最終學歷》，https://www.jil.go.jp/institute/zassi/backnumber/2007/12/pdf/029-042.pdf。

童，把劣勢變成優勢。

　　這個單字源自美式足球的球員參賽制度「Academic Redshirting」，有能力的學長與自己打同樣的位置時，可以故意晚一年參賽。

　　在美國的傳統上，有很多富裕家庭和上私立學校的孩童會穿紅衫（特別是男孩），所以這個暫緩入學的制度，才會被稱為是「Redshirting」，每年大約有9％的孩童，會選擇暫緩入學。

　　其他先進國家也採用這個制度，只有日本、英國和挪威沒有引進。把4月入學改成9月也是一種方法，但或許還是該討論是否引進紅衫制度。

　　如果自己有早生的小孩，要等到制度改革，肯定來不及，這時可以考慮採取以下的對策：

（1）自覺「從統計學看，早生的孩子比較吃虧」。

（2）除了學校的教師以外，父母在對待小孩時，可以採取讚美、
　　　不和其他小孩比較，和觀察孩童的成長過程等態度。

3 全民進行PCR普篩，有必要嗎？

2020年新冠疫情席捲全球，當時日本因PCR檢測人數過少而蔚為話題，但有醫療相關人員反對對全體國民實行PCR檢測。請思考其中的理由。

另外，此處將PCR檢測的靈敏度（sensitivity）設為70％（正確判斷染疫者為「陽性」的機率），特異度（specificity）為99％（正確判斷非染疫者為「陰性」的機率）。

檢測非萬能，判斷失誤難免

不只是PCR法，任何檢查都不是萬能的。換句話說，無法100％確實判斷染疫者為「陽性」，非染疫者為「陰性」，實際上一定會有誤判的風險。

假設包含誤判在內，檢測可分類出以下四種人。

❶真陽性：染疫者，且被正確判斷為「陽性」的人。

❷偽陰性：明明是染疫者，卻被誤判為「陰性」的人。

❸真陰性：非染疫者，且被正確判斷為「陰性」的人。

❹偽陽性：明明是非染疫者，卻被誤判為「陽性」的人。

像這樣「正確判斷染疫者為染疫者（陽性）的機率」稱為

「靈敏度」，就是下頁表中深紅色的部分「所有染疫者（❶＋❷）」中，❶的比例。這是一個重要的指標，可知道正確掌握染疫者的機率。

$$靈敏度＝\frac{真陽性}{染疫者}＝\frac{❶真陽性}{❶真陽性＋❷偽陰性}$$

圖表7-5　檢查後的分類

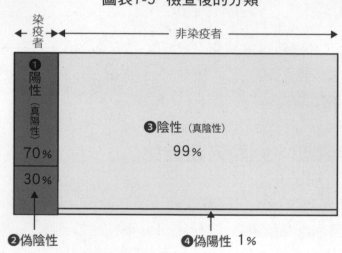

上圖右側的灰色部分，是非染疫者的群組。顯示非染疫者「未受感染」的機率稱為「特異度」。

還有一點大家容易誤解，以為檢查出現陽性的人，就是染疫者，但其實不見得。反之，如果出現陰性，也不要太快覺得「自己沒被感染」，因為會有30％的誤判機率。

假設日本國內真正感染新冠肺炎的人有1萬人，這1萬人全都接受PCR檢查時，被判斷「陽性」的會有70％，也就是7,000人（剩餘3,000人是偽陰性）。

接著，當未被感染的全日本國民、共1億2,000萬人接受檢查時，偽陽性是1％，所以是1億2000萬人×0.01＝120萬人。因此被判斷為「染疫」的人為：

7,000人＋120萬人＝120萬7,000人

這120萬7,000人中的120萬人，換句話說，有大部分的人都沒有染疫。這就是為什麼會有人反對，對全體國民進行PCR檢測（答案）。

真陽性者＝7000÷1207000＝0.0057995……約0.6％

偽陽性者＝1200000÷1207000＝0.9942……約99.4％

換言之，大量的人接受PCR檢測，反而會讓真正必須治療的人被稀釋。

用機率的發想來提出對策

還有另一個大問題，必須思考被PCR檢測判斷為「偽陰性（染疫者卻被誤判為陰性）」的人。新冠疫情時，如果停靠在橫濱港的鑽石公主號上，總計3,700名乘客都做PCR檢測，假設有200人染疫，當PCR檢測只做1次，會被判定成偽陰性的人則如下列算式：

偽陰性＝200×0.3＝60人……30％

讓這些人再接受第二次、第三次檢查，就能逐漸將「偽陰性」的人變成「陽性」。

第二次＝60人×0.3＝18人……還有18人（9%）

第三次＝18人×0.3＝5.4人……還有5人多（2.7%）

第四次＝5.4人×0.3＝1.62人……還有1.6人（0.81%）

然而，對偽陰性的人做四次PCR檢測，在機率上還是會有偽陰性的人存在，實際上鑽石公主號的乘客中，在機率上已經能預期到「有人在返家之後，會出現陽性反應」，所以絕對不是意料之外的情況。

結果永遠不會是零，PCR檢測就算連做3次，即便顯示為陰性，還是有2.7%的誤判風險（上述的計算結果）。

不只限於PCR檢測，「用機率思考來對應」才是面對各種問題時，最實在的對應方式吧。

後記

人會刻意迴避不樂見的數據

　　為什麼日本會發動第二次世界大戰？為什麼要打注定會輸的戰爭……思考這個問題時，有時候會介紹到吉田茂（1878年～1967年），「把原因歸咎於統計」的黑色幽默。

日本會開戰，是因為統計得不準？

　　第二次世界大戰後，吉田茂向麥克阿瑟元帥（Douglas MacArthur，1880年～1964年）求援：「如果不緊急進口450萬噸的糧食，日本國民就會餓死。」結果美國只能準備1/6、也就是70萬噸，但日本卻無人死於饑荒……。

　　於是，麥克阿瑟問吉田：「我只能準備你說的數量的1/6，結果日本也沒人餓死啊。450噸這個數字，是日本胡亂統計的吧？」

　　據說吉田聽到問題後，不慌不忙的回答如下：

　　「你說日本的統計很隨便？那是當然的吧，如果日本的統計很正確，就不會發動那種荒唐的戰爭了。不對，如果當時的統計正確，日本應該已經打贏了吧。」

　　說完這個趣聞，後面通常會接「當時日本的統計有多亂七八

糟」或「正確的統計對國家有多重要」之類的話題。這我可以理解，但是當時的統計，真的這麼不正確嗎？

1941年4月（太平洋戰爭始於同年12月8日），日本成立了研究國家總體戰的「總力戰研究所」，從中央省廳、陸軍、海軍和民間召集了36名年輕研究員，平均年齡在33歲，並設置模擬內閣，模擬對美國發動總體戰的情況。

他們正確預測到，日本會進軍印尼以確保石油資源，以及日美開戰，甚至預測到蘇聯會在最終階段參戰，最後日本的石油儲備也會見底……結論就是——「我國的國力不允許（戰爭）」。

新庄上校的報告書，講事實也沒用

1941年3月，主計上校新庄健吉（1897年～1941年）出發前往美國。新庄上校是能夠用統計觀察國力的專家，參謀本部下達特別命令，派遣他去調查美國的國力。

他的調查方法以「蒐集和分析公開資訊」為中心，密集蒐集了3個月的資訊並分析，結論為：

——「日美工業能力的差距，為重工業1：20、化學工業1：3，此差距不可能縮減。即便能維持該比率，要讓美國損害100％，就必須將日本的損害控制在5％以內，如果日本的損害擴大，戰力的差距就會絕望性的擴大。」

就算有數據也視而不見，有多麼恐怖

這分新庄上校的報告書，已經在1941年8月分別向近衛總理（近衛文麿，1891年～1945年）、豐田外務大臣（豐田貞次郎，1885年～1961年）、陸軍領導層、海軍領導層、宮內廳領導層、參謀本部戰爭指導班等說明（受託報告的是岩畔豪雄上校，1897年～1970年）。

但卻有人抱怨「在準備對美戰爭的期間，要是發表這種數據，會打擊士氣」，負責報告的岩畔豪雄上校，之後被派遣到南方的前線（有一說是人事報復）。

新庄上校的報告書統計了美國的各種資源與日美比率

主要項目	美國	日美比率
鋼鐵產量	9,500 萬噸	1：24
石油精製量	1 億1,000 萬桶	1：無限
煤炭產量	5 億噸	1：12
電力	1,800 萬千瓦	1：4.5
鋁產量	85 萬噸	1：8
飛機生產架數	12 萬架	1：8
汽車生產輛量	620 萬輛	1：50
船隻擁有量	1,000 萬噸	1：1.5
工廠勞工人數	3,400 萬人	1：5

資料來源：《挖掘昭和史 宣戰為何慢了一步？》，齋藤充功。

照這樣看來，吉田茂這句「日本的統計如果正確，就不會打仗」的趣聞固然有趣，但其實打仗與否與當時的統計是否正確並無關聯。

無論如何，這都給人一種感覺：有些人會刻意忽視「不樂見的統計數據」，不管前頁表格的客觀數據多讓人困惑，但他們打從一開始就已經下了結論。

當一個人站在關鍵的岔路口時，應該如何應對？特別是身處領導階層的人，我強烈祈禱各位能夠成為「能沉著冷靜觀察數據的人」。

索引（依照數字、首字英文字母與讀音注音符號排列）

主要參考文獻

《數學教你不犯錯，上下冊套書：搞定期望值、認清迴歸趨勢、弄懂存在性》（*HOW NOT TO BE WRONG:The Power of Mathematical Thinking*），艾倫・伯格，天下文化。

《數據分析的力量：Google、Uber都在用的因果關係思考法》（データ分析の力 因果関係に迫る思考法），伊藤公一朗，臺灣東販。

《白色的航跡（上、下）》（白い航跡〔上、下〕），吉村昭，講談社。

《霍亂傳遞方式研究》（*On the Mode of Communication of Cholera*），John Snow，http://johnsnow.matrix.msu.edu/work.php?id=15-78-52。

《*The Great Trouble: A Mystery of London, the Blue Death, and a Boy Called Eel*》，Deborah Hopkinson，Yearling Books。

《*The Ghost Map: The Story of London's Most Terrifying Epidemic-- and How It Changed Science, Cities, and the Modern World*》，Steven Johnson，Riverhead Books。

《歷史的自然實驗》（*Natural Experiments of History*），Jared Diamond、James A. Robinson，Belknap。

《商業與政治的輿圖與統計學精要》（*The Commercial and Political Atlas and Statistical Breviary*），William Playfair，Cambridge University Press。

《南丁格爾著作集（1〜3集）》，佛蘿倫絲·南丁格爾。

《日本人為何會開戰　昭和16年夏天的敗戰》（日本人はなぜ戦争をしたか　昭和16年夏の敗戦），豬瀨直樹，小學館。

《挖掘昭和史　宣戰為何慢了一步？》（昭和史発掘　開戦通告はなぜ遅れたか），齋藤充功，新潮社。

《昭和陸軍　謀略秘史》（昭和陸軍　謀略秘史），岩畔豪雄，日本經濟新聞出版社。

國家圖書館出版品預行編目（CIP）資料

7小時，統計學從天書變故事書：平均數、中位
數、常態分布、迴歸分析、費米估算……統計這
樣讀，輕鬆戰勝商學院大魔王。／本丸諒著；林
信帆譯. -- 初版. -- 臺北市：大是文化有限公司，
2022.08
272 面；17 × 23 公分. --（Biz；400）
ISBN 978-626-7123-68-3（平裝）

1. CST：統計學

510   111008370

Biz 400

7小時，統計學從天書變故事書

平均數、中位數、常態分布、迴歸分析、費米估算……
統計這樣讀，輕鬆戰勝商學院大魔王。

作　　　者／本丸諒
譯　　　者／林信帆
校對編輯／宋方儀
美術編輯／林彥君
副 主 編／劉宗德
副總編輯／顏惠君
總 編 輯／吳依瑋
發 行 人／徐仲秋
會計助理／李秀娟
會　　　計／許鳳雪
版權經理／郝麗珍
行銷企劃／徐千晴
業務助理／李秀蕙
業務專員／馬絮盈、留婉茹
業務經理／林裕安
總 經 理／陳絜吾

出 版 者／大是文化有限公司
　　　　　臺北市 100 衡陽路 7 號 8 樓
　　　　　編輯部電話：（02）23757911
　　　　　購書相關資訊請洽：（02）23757911 分機 122
　　　　　24 小時讀者服務傳真：（02）23756999
　　　　　讀者服務 E-mail：haom@ms28.hinet.net
郵政劃撥帳號／ 19983366　戶名／大是文化有限公司

法律顧問／永然聯合法律事務所
香港發行／豐達出版發行有限公司　Rich Publishing & Distribution Ltd
　　　　　地址：香港柴灣永泰道 70 號柴灣工業城第 2 期 1805 室
　　　　　　　　Unit 1805, Ph.2, Chai Wan Ind City, 70 Wing Tai Rd, Chai Wan, Hong Kong
　　　　　電話：（852）21726513　傳真：（852）21724355
　　　　　E-mail：cary@subseasy.com.hk

封面設計／林雯瑛
內頁排版／陳相蓉
印　　　刷／鴻霖印刷傳媒股份有限公司
出版日期／ 2022 年 8 月初版
定　　　價／ 460 元（缺頁或裝訂錯誤的書，請寄回更換）
ＩＳＢＮ／ 978-626-7123-68-3
電子書ＩＳＢＮ／ 9786267123720（PDF）
　　　　　　　 9786267123713（EPUB）　　　　　　　　　　　Printed in Taiwan

BUNKEI DEMO SHIGOTONITSUKAERU DATA BUNSEKI HAJIMENO IPPO by Ryou Honmaru
Copyright © Ryou Honmaru, 2020
All rights reserved.
Original Japanese edition published by KANKI PUBLISHING INC.

Traditional Chinese translation copyright © 2022 by Domain Publishing Company
This Traditional Chinese edition published by arrangement with KANKI PUBLISHING INC.,
Tokyo, through HonnoKizuna, Inc., Tokyo, and jia-xi books co., ltd.